●稲継裕昭 [著]

地方自治入門

有斐閣コンパクト
YUHIKAKU COMPACT

は じ め に

　学生に「地方自治体とのかかわりはありますか」と聞いたら，「住民票を取りに行ったことはあるけれど，あとはあまりないと思います」という答えが多く返ってくる。実際，自分自身と役所のかかわりは，市役所や区役所の住民課の窓口だけと感じている人は少なくない。

　しかし都道府県や市町村といった地方自治体は，私たちの毎日の暮らしに関係の深い身近な公（おおやけ）の仕事の大部分を担っている。戸籍や住民基本台帳の記録（これをもとに住民票が発行される），保育所，幼稚園，小中学校の運営，図書館や公民館といった公の施設の設置や運営，ごみの収集とその処理，上下水道などの施設建設や維持管理，道路や公園の整備，警察や消防の活動など，数え上げればきりがない。

　例えば，P県Q市に住む高校生のA君の生活を振り返ってみることにしよう。A君は，P県Q市で生まれ，お父さんが出生届をQ市役所の市民課に提出した。その後，Q市立たんぽぽ幼稚園を卒園し，Q市立桃園小学校，Q市立第一中学校を卒業した。ずっと，市立の幼小中を卒園・卒業している。幼稚園で働いている先生はQ市の職員だし，小中学校の先生はP県の職員である。小中学校は市立が大半だが，そこに勤務する先生の給与は都道府県から支給されるため，県の職員ということになっている。

　中学を卒業したA君は，P県立北高校に進学した。北高校は県の設置運営する高校であり，そこで働く先生方はP県の職員であ

る。そのためP県の小中学校，高校の先生方は全部合わせると3万人にもなる。

　A君の普通の1日を見てみよう。A君は毎朝起床すると顔を洗う。蛇口をひねると清潔な水道水が出てくる。これは，Q市の水道局が，P県（水道局浄水場）から購入した水道水を，Q市の敷設した水道管を通してA君の家まで届けてくれているからである。トイレで水を流すと，諸々のものは下水道に流れ出ていく。下水道管を通じてQ市の下水処理場に集められ，第1次処理，第2次処理がなされた後，河川へ放流されている。自宅を出たA君は，バス停まで3分ほど徒歩で通う。ここは市道である。Q市がその維持管理に当たっている。バス停からは市営バスを使って駅まで通っている。市営バスの運転手は，Q市交通局の職員である。学校が終わって帰宅後，自転車で近くのコンビニエンスストアに買い物に行こうとすると，お巡りさんに呼び止められて，職務質問を受けた。自転車登録がちゃんとなされているかどうか，盗難車ではないか，などをチェックされた後，「安全に気をつけて運転してくださいね」とお巡りさんにいわれて別れた。安全安心を守ってくれているお巡りさんは，P県警察本部Q警察署に勤務する警察官（P県の職員）である。

　このようにA君の普通の1日を見ただけでも，Q市やP県から数多くの行政サービスを受けており，また，実は，その職員と顔を合わせたりすることもあるのである。市バスやその運転手，交番のお巡りさんという認識はもっているが，実はその車両や施設は自治体の財産の一部であり，働いている人は地方公務員なのである。

　私たち一人一人にとって，地方自治とのかかわりは，さまざまであるが，地方自治とかかわりをもたずに生活している国民は皆無といってよいだろう。

本書は「地方自治」の入門書として，大学生や，一般の人々，さらには実際に地方自治に携わっている人々にぜひ読み通していただき，さらに深く地方自治を考え，学ぶきっかけとしていただくことを狙いとしている。

　ふだん役所とのかかわりをほとんど実感することがない一般の学生や市民の方に，親しみをもって読んでいただくために，各章の冒頭で架空の自治体P県の架空の県知事鶯本さんに登場してもらい，地方自治のさまざまな課題について物語風に読めるように心がけた。また，各章にコラムを設けた。

　本書の読者が地方自治に興味をもっていただければ，筆者にとって望外の幸せである。

2011年6月

稲　継　裕　昭

目　次

はじめに　i

第1章　地方自治とお金　　　　　　　　　　　　　　　　1

1　P県の財政非常事態宣言　1

2　マクロの地方財政　4

地方財政の概観(4)　　地方交付税(10)　　国庫支出金（国庫補助負担金）(11)　　地方税(12)　　地方債(13)

3　ミクロの地方財政　14

個別自治体における歳入の内容　(14)　　個別自治体における歳出の決定――予算編成(17)

4　個別自治体の財政力の判断　23

いくつかの指標(23)　　自治体財政健全化法(27)

第2章　自治体の機関　　　　　　　　　　　　　　　　31

1　P県知事と県議会，県教育委員会　31

議会との関係(31)　　教育委員会との関係(33)

2　首　長　36

3　行政委員会　38

4　議会と議員　40

地方議会の権能・機能(40)　　地方議会の構成と運営――標準規則の存在(42)　　議会の会期，議員報酬(44)　　地方議

員の数(47)　地方議会改革(48)　首長と議会の対立を解消する制度(51)

第3章　中央と地方の関係，諸外国の地方自治　53

1　P県知事と国とのバトル——ぼったくりバー　53
2　自治体の仕事と国の仕事，両者の関係　57
3　集権—分権と分離—融合　61
4　中央地方関係の国際比較——英米型と大陸型　63
英米型の地方自治制度(64)　大陸型の地方自治制度(66)　諸外国の比較から見た日本の地方自治(67)

5　中央地方関係小史　70
戦前から戦後の高度成長まで(70)　第2次臨調以降の流れ(71)　1993年以降の分権の流れ(73)

6　自治体の大きさの国際比較　74
自治体の活動量(74)　自治体の数と規模(78)

第4章　自治体で働く「人」——地方公務員　81

1　P県の職員採用試験　81
2　地方公務員の種類と数　85
地方公務員の種類(85)　地方公務員の数(86)

3　採用・異動・昇任　90
職員の採用(90)　職員の配属と異動(92)　昇任(93)

4　人事交流　96
5　給与　98
6　今後の自治体の人事給与制度　101

第5章　自治体の政策過程　　109

1 P県の政策サイクル　109

2 自治体の活動と政策サイクル　112

　　ルーティン業務と非ルーティン業務(112)　　自治事務と法定受託事務(113)　　政治のサイクルと自治体の活動(115)

3 政策サイクル　121

4 政策変更・新規政策の引き金となるもの　124

　　政策の窓(124)　　個別自治体への適用(126)　　日本全体への適用(127)

第6章　自治体の組織　　131

1 P県の組織と鷲本知事　131

2 自治体の組織　134

　　自治組織権と都道府県の組織(134)　　自治体組織の具体例(138)　　自治体の縦の職務階層——全国的な傾向(143)

3 最近の組織再編の動き　150

　　政策目的に対応した組織への再編(150)　　組織のフラット化——組織階層の簡素化(152)

第7章　自治体改革　　157

1 P県の指定管理者——県財団からの出向者は「むしろ邪魔」　157

2 さまざまな自治体改革　159

　　行政評価(160)　　PFI (Private Finance Initiative) (162)　　指定管理者制度(163)　　地方独立行政法人(164)　　公会計改革(165)　　市場化テスト(167)　　人事給与制度改革

　　　　(169)

　3 ニュー・パブリック・マネジメントの潮流　170

　　　NPM とは何か(171)　　歴史的な展開(174)　　日本における導入と普及(177)

第8章　市民参加　181

1 P県大規模公共事業に関する有識者会議と鷲本知事
　　　――市民に傍聴の機会を！　181

2 市民参加の歴史　184

　　　直接民主主義の諸制度(184)　　市民参加の歴史(185)

3 市民参加のレベル　187

　　　アーンスタインの市民参加の8つの階段(187)　　自治体の政策過程と市民参加(190)　　市民参加と「協働」(195)

4 NPO，新しい公共　196

　　　読書案内　203
　　　索　　引　207

◆ *Column* 一覧

① 夕張市の財政破綻　24
② 栗山町議会基本条例・議会活性化　48
③ 村松モデル　68
④ 東日本大震災と自治体間連携のあり方　76
⑤ 昇任試験制度の実態――偉くなるって大変　102
⑥ ローカル・マニフェスト　118
⑦ 福井県の観光営業部，恐竜博物館　136
⑧ 我孫子市の「提案型公共サービス民営化制度」　168
⑨ プラーヌンクスツェレ，市民討議会　192

◆ 図表一覧

図 1-1　国と地方の役割分担（平成 21 年度決算）　6
図 1-2　M 市 X 年度一般会計歳入　7
図 1-3　H 市 X 年度一般会計歳入　8
図 1-4　国・地方間の財源配分（平成 21 年度）　9
図 1-5　H 市市税内訳　15
図 1-6　H 市 X 年度歳出予算（目的別）　18
図 1-7　H 市 X 年度歳出予算（性質別）　19
図 1-8　財政再生団体，早期健全化団体の基準　26
図 3-1　天川モデル　62
図 3-2　英米型の地方自治制度のイメージ　65
図 3-3　大陸型の地方自治制度のイメージ　67
図 3-4　集中―分散，融合―分離，集権―分権の程度　75
図 4-1　総職員数の団体区分別構成（2010 年 4 月 1 日現在）　87
図 4-2　総職員数の部門別構成（2010 年 4 月 1 日現在）　87
図 4-3　団体区分別部門別構成（都道府県）　89
図 4-4　団体区分別部門別構成（市町村）　89
図 4-5　地方公務員の給与体系　99
図 4-6　2005 年人事院勧告における俸給表の抜本的見直し　106
図 5-1　統一地方選挙のイメージ　117
図 5-2　政策・施策・事務事業のツリー図　122
図 6-1　島根県の行政機構（2011 年 4 月 1 日現在）　140
図 6-2　熊本県における主な部局変遷　144
図 6-3　つくば市行政組織図（2011 年 4 月 1 日現在）　146
図 6-4　佐賀県庁の組織改編　151
図 6-5　広島県の組織のフラット化　153
図 6-6　広島県のグループ制の導入　155
図 8-1　市民参加の 8 つの階段（アーンスタイン）　188

図 8-2　NPO に含まれる団体の種類　197
図 8-3　「新しい公共」のイメージ図　199

表 1-1　国と地方の行政事務の分担　5
表 1-2　健全化判断比率にかかわる早期健全化基準等（2010 年度）　27
表 1-3　早期健全化団体　28
表 2-1　地方議会の権能　41
表 2-2　標準会議規則　43
表 2-3　地方議員の職業　45
表 2-4　地方議員の報酬　46
表 2-5　市町村議会の議員定数（地方自治法 91 条）　50
表 3-1　ある県に対する国土交通省からの直轄道路負担金の請求書の変化の実例　56
表 3-2　西欧諸国の地方政府構造　79
表 4-1　省庁別出向者数の推移　97
表 5-1　2011 年統一地方選挙時の選挙実施割合（2011 年 4 月 1 日時点）　117
表 5-2　予算サイクル　120
表 7-1　NPM の教義上の構成要素　173
表 8-1　主要な直接請求制度　185

◆ 用語解説

三位一体の改革　12
特別職　85
機関委任事務　113
財務諸表 4 表　167
FMI　175
ネクスト・ステップ・エージェンシー　175
CCT　175

本書のコピー, スキャン, デジタル化等の無断複製は著作権法上での例外を除き禁じられています。本書を代行業者等の第三者に依頼してスキャンやデジタル化することは, たとえ個人や家庭内での利用でも著作権法違反です。

地方自治とお金

第 1 章

1 P県の財政非常事態宣言

　P県の鷲本知事はX年2月の就任当日の記者会見で「P県財政非常事態宣言」を出し，翌会計年度（X年4月1日から［X+1］年3月31日まで）の予算を抜本的に組み直す方針を打ち立てた。「非常事態宣言」とは，穏やかではない用語である。「非常事態宣言」とは，国家の運営が破綻の危機に瀕し，これに対して平時の法制を超えた措置を実施することを最高責任者が発令するものを意味する。「非常事態宣言」発令に際して行われる措置には，通常，警察およ

I

び軍隊などの動員,公共財の徴発(ちょうはつ),検問や家宅捜索などの許可,特に内乱に際しては集会の自由やストライキなどの市民の権利を制限する措置も含まれ,戒厳令に近くなる。

鷲本知事は,戒厳令のような市民の権利制限までは意図していないが,「聖域なきゼロベース」での見直し方針に従って,さまざまな分野での歳出を抑えて,千億円の削減目標を達成しようとした。人件費削減,文化施設などの「箱もの施設」の廃止,関連団体への援助の縮小・廃止など,財政緊縮案のいずれもが,なんらかの敵対勢力(抵抗勢力)との対決をもたらすものであり,各方面に激震を走らせることになった。

知事は,メディアをうまく利用しながら,これらの敵対勢力との対決に臨むことになる。まず,建設資金が膨大で,年間の維持費もかなりかかっている「箱もの施設」へ,マスメディア(特にテレビ局)を引き連れて一つ一つ訪問し,その有用性等について,館長たちと議論を戦わせた。しかも,マスメディアに対してフルオープン(記者は自由に傍聴できる)の場でそれを行ったのである。施設側にとっては,毎年の赤字補塡(ほてん)を県から受けている以上の何ものかを県民に提供していることを示そうとするが,容易なことではなかった。「子供たちの夢」や「伝統の文化」など抽象的な言葉は,知事が次々に繰り出す数字の前では力を失っていた。県が運営する「箱もの施設」の多くには,県職員のOBが天下りをしている。そのことを指摘する場面も,マスメディア受けするものであった。

鷲本知事による「箱もの施設」視察は大きな反響を呼んだが,これは財政再建プログラムの中では,ほんのとっかかりに過ぎなかった。知事の下に置かれた財政再建プロジェクト・チーム(PT)は,その後,さまざまな歳出に切り込んでいった。不要不急な諸団体への交付金,県内市町村への交付金・補助金,職員人件費,外郭団体

への出資金・交付金、効果の薄い政策・施策など、その見直しは非常に広範囲に及んだ。戒厳令とまではいかないが、知事が「非常事態」と呼んだのはあながち大げさでもなかった。

　市町村への補助金の削減は、市町村側にとっては寝耳に水、常識はずれの出来事であった。すでに、各市町村では、X年度の予算が固まっており、この段階での削減は、市町村にとっては考えられないことであった。しかし、知事はそれを押しまくる。4月に入ってから開催された知事と市町村長たちとの意見交換会では、補助金削減反対を訴える市町村長との議論の途中で、知事が感極まって涙を見せる一幕を見せた。これがテレビで繰り返し報道され、県民はますます知事を応援するようになり、逆に、市町村長は知事をいじめる悪役のイメージをもたれてしまった。結局、X年度からの削減については、一部知事側が譲歩したが、これは、X＋1年度以降の全面削減への地ならしを意味した。

　P県の担当者にとっても、この見直しは時期的にきわめて苦しいものであった。あとで説明するように、通常の予算（4月1日に始まり翌年3月31日までが一会計年度）の編成は、2月初めまでには概ね終わっていて、あとは、2月下旬からの県議会の審議を経るだけになっているはずなのに、「ちゃぶ台をひっくり返す」ようなことを知事はしようとしたからである。

　6月に入り、知事は「P県維新プログラム」案を発表した。人件費や私学助成金など固定費を大幅に削減し、全体で千億円を超える歳出削減を図るのが骨子となっていた。その後にもたれた職員組合との徹夜の団体交渉では、組合員から罵声が飛び、両者の主張は平行線をたどり、交渉は結局、決裂したまま予算案の提出となった。

＊　＊　＊

自治体はさまざまな仕事を行っている。それには多くのお金がかかっている。それはどのように集められて，どのように配られているのだろうか。そして，何に使われているのだろうか。

　私たちは普通，自分の財布にいくら入っているのか，昨日はどのような物やサービスを買ったのか，ある程度認識しているだろう。だが，昨年1年間を通しての収入（または小遣い，お年玉，アルバイト代など）の内訳がどのようであって，それを食費や遊興費など，それぞれ年間を通していくらずつ使ったかの内訳を明確に把握できている人は少ない。ましてや，自分の住む自治体に，毎年，どれくらいのお金がどこから入ってきて，それがどのように使われているのかに関心をもっている人はめずらしいだろう。こういった問題に関心をもつための手がかりを，これから述べていくことにしよう。

　本章では，国家全体における地方財政のしくみ・設計と，設計された財政の枠内で各自治体が財政計画を立て予算を作成し執行する過程を分けて考え，前者をマクロの地方財政，後者をミクロの地方財政と呼ぶことにして，議論を進めていくこととする。

2　マクロの地方財政

地方財政の概観

　マクロの地方財政を考えるうえで，国と地方でそれぞれどの程度の歳入（ある会計年度における公共部門の収入）があり，どの程度の歳出（ある会計年度における公共部門の支出）があるのか，その間のギャップをどのように埋めるのかという点を見てみよう。

　表1-1は，国と地方との行政事務の分担を示している。

　公共資本の分野では，高速道路，国道の一部，河川の一部を国が提供しているほかは，道路，河川，港湾，住宅，都市計画，下水道

表1-1 国と地方の行政事務の分担

分野		公共資本	教育	福祉	その他
国		高速自動車道 国道（指定区間） 一級河川	大学 私学助成（大学）	社会保険 医師等免許 医薬品許可免許	防衛 外交 通貨
地方	都道府県	国道（その他） 都道府県道 一級河川（指定区間） 二級河川 港湾 公営住宅 市街化区域，調整区域決定	高等学校・特別支援学校 小・中学校教員の給与・人事 私学助成（幼〜高） 公立大学（特定の都道府県）	生活保護（町村の区域） 児童福祉 保健所	警察 職業訓練
	市町村	都市計画等（用途地域，都市施設） 市町村道 準用河川 港湾 公営住宅 下水道	小・中学校 幼稚園	生活保護（市の区域） 児童福祉 国民健康保険 介護保険 上水道 ごみ・し尿処理 保健所（特定の市）	戸籍 住民基本台帳 消防

［出所］ 総務省ウェブサイト。

は，都道府県または市町村，つまり，自治体の仕事になっている。

　教育分野では，国は大学を担当しているが，高等学校は都道府県の仕事，小中学校，幼稚園は市町村の仕事になっている。ただし，小中学校の教員の給与は，都道府県から支払われている。また，都道府県や大きな市では，大学を運営しているところもある。

　福祉の分野では，社会保険や医薬品の安全を国が担当しているほかは，自治体の仕事となっている。生活保護，児童福祉，保健所，国民健康保険，介護保険，ごみ・し尿処理，上水道など，数多くの種類の福祉分野の仕事を自治体が行っている。

図1-1 国と地方の役割分担（平成21年度決算）

項目	割合	国(%)	地方(%)	内訳
機関費	11.9%	(14)	(86)	司法警察消防(78)/一般行政費等(86)
防衛費	2.9%	22/100 防衛費	—	
国土保全および開発費	12.0%	(41)(31)	(59)(69)	国土保全費(59)/国土開発費(69)/災害復旧費等(39)
産業経済費	9.9%	(64)(50)	(36)(50)	農林水産業費(36)/商工費(50)
教育費	11.7%	(11)(28)	(89)(72)	学校教育費(89)/社会教育費等(72)
社会保障関係費	29.8%	(37)(6)/100民生費のうち年金関係	(63)(94)	民生費（年金関係除く）(63)/衛生費(94)/住宅費(40)
恩給費	0.5%	(60)/(96)恩給費	(4)	
公債費	18.9%	(59)	(41)	公債費(41)
その他	2.4%	(99)	(1)	
合計		(43) 国	(57) 地方	

［注］ 歳出決算・最終支出ベース。
　　　（　）内の数値は，目的別経費に占める国・地方の割合。
　　　係数は精査中であり，異動する場合がある。
［出所］ 総務省ウェブサイト。

そのほかの分野では，防衛，外交，通貨を国が，警察，消防，戸籍などを自治体が，それぞれ担当している。

このように見てくると，国の業務は国家の存立にかかわる事務や，全国的に統一する必要のある事務などに限られており，そのほかの多くの業務が，自治体の仕事として割り当てられていることがわかる。自治体は，私たちの生活にかかわるさまざまな業務を行っているのである。

図1-1は，歳出の大きさを面積で表している。教育費は，国と地方を合わせた全歳出のうちの約12％を占める。その多くを占める学校教育費のうちの89％は地方で支出されていることがわかる。

そのほかの項目を見ても，日本の内政を担っているのは自治体で

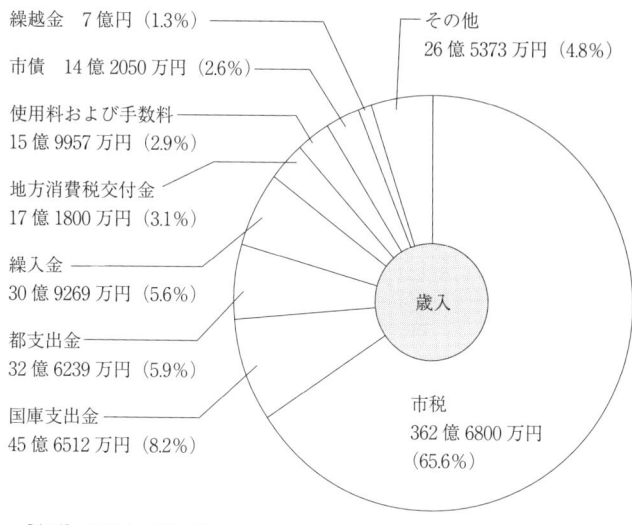

図1-2 M市X年度一般会計歳入

総額553億円

繰越金 7億円（1.3%）
市債 14億2050万円（2.6%）
使用料および手数料 15億9957万円（2.9%）
地方消費税交付金 17億1800万円（3.1%）
繰入金 30億9269万円（5.6%）
都支出金 32億6239万円（5.9%）
国庫支出金 45億6512万円（8.2%）
その他 26億5373万円（4.8%）
市税 362億6800万円（65.6%）

［出所］ M市ウェブサイト。

あり，国民生活に密接に関連する行政は，その多くが自治体によって実施されていることがわかる。その結果，政府支出全体に占める地方財政の割合は約6割となっている。

さて，そのような仕事を行うには，お金が必要である。それは，どのようにして調達するのだろうか。

図1-2は，東京都内のある市の歳入予算を示したものである。入ってくるお金は予定では全体で553億円だが，そのうち，65.6%に当たる約363億円が，市税で賄われる予定であることがわかる。市の歳入のかなり多くの割合が市税収入，つまり，市民が市役所に納めている税金で賄われている。

ただ，全国的に見ると，このように，歳入予算の3分の2を市税

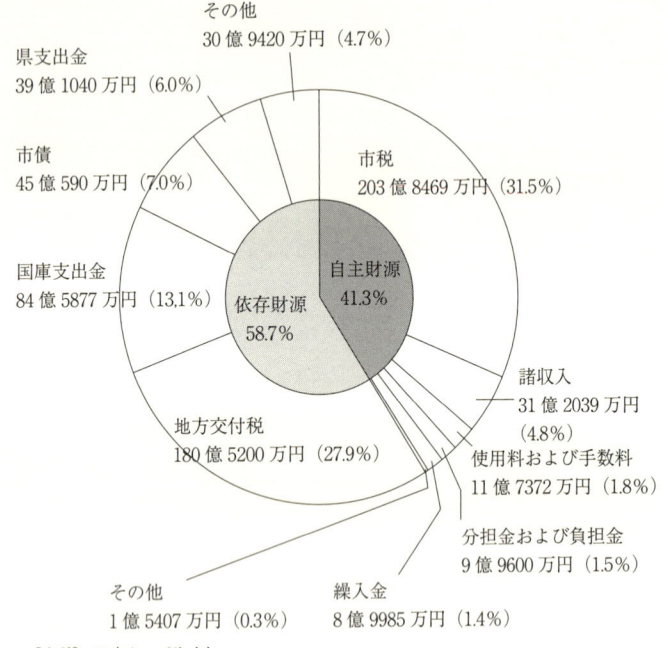

図1-3 H市X年度一般会計歳入
総額648億円

が占めるという自治体は非常にめずらしい。この市は、大変潤沢な予算がある自治体であるということができる。このような自治体は、東京のベッドタウンなど一部の自治体に限られている。

図1-3は東北地方のある市の歳入予算を示したものである。M市と比べて、市税の割合が31.5％とかなり小さくなっていることがわかる。その代わり、M市では見られなかった「地方交付税」という項目が出てきて、これが歳入予算の27.9％を占めている。

地方交付税は、あとでくわしく見るように、「必要とするであろ

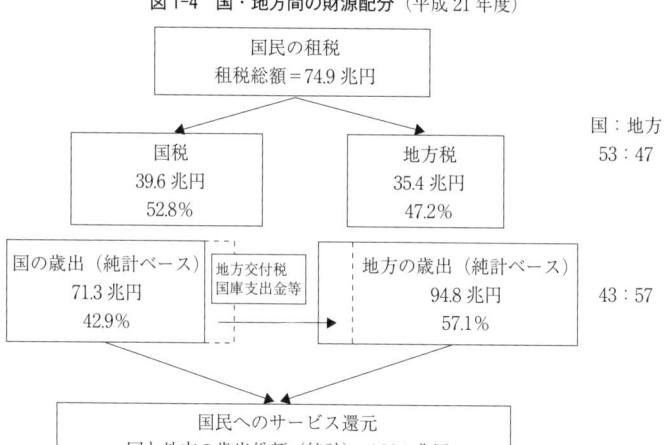

図 1-4 国・地方間の財源配分 (平成 21 年度)

[出所] 総務省ウェブサイト。

うお金」を（税金などから）独自に十分に集めることができない自治体に対して国から交付される財政調整の制度である。地方交付税を受け取っている自治体（交付団体）の数は，受け取っていない自治体（不交付団体）の数に比べてはるかに多いのが現状である。

さて，何度も指摘してきたように，公共部門全体にとって自治体の財政活動の占める比重は高い。だが，国民は，地方よりもむしろ国の方に多くの税金を納めている。図 1-4 を見ると，税金総額の 52.8％は国に納められており，地方に納められているのは 47.2％と半分に満たない。ところが，図 1-1 でも見たように，公共部門の支出の 57％は地方からの歳出となっている。このギャップを埋めているのが，すでに見た地方交付税（自治体の財政状況に応じて国税の一部から交付されるお金），国庫支出金（自治体の特定の事業のために国から支出されるお金）などである。いずれも，国税の一部を自治体に回すために「移転財源」と呼ばれている。

日本の財政は，国民が納める相手先（国と地方）の比率と，最終支出ベースにおける国と地方の比率とが逆転し，両者の間に大きな乖離が存在しており，それを，地方交付税，国庫支出金等の移転財源で埋めていることがわかる。

 歳出規模と地方税収のギャップ（そしてそれを埋める国庫支出金，地方交付税）が地域における受益と負担の関係を希薄化し，歳出増に抑止力が働きにくいという指摘がなされることもある。

 そこで，地域主権を確立するためには，国と地方の役割分担の大幅な見直しと合わせて，地方が自由に使える財源を拡充することが必要だという観点から，国・地方間の税財源の配分のあり方を見直すことが重要だという指摘を総務省は行っている。しかし，財務省はこれに対して慎重姿勢である。

 次に，歳入に占める各項目について，もう少しくわしく見ておこう。

地方交付税

 地方交付税とは，自治体の自主性を損なわずに，地方財源の均衡化を図り，かつ地方行政の計画的な運営を保障するために，国税5税のうち一定の割合の額を国が自治体に対して交付する税である。財源保障機能と財政調整機能を合わせ持つ。

 地方交付税の総額＝所得税と酒税の32％＋法人税の35.8％＋たばこ税の25％＋消費税の29.5％として算出される。この配分ルールで決まる地方交付税の総額の94％を普通交付税に，6％を特別交付税（災害などの特別の事情に応じて交付）に充てる。

 普通交付税は，**基準財政需要額**（自治体が合理的で妥当な水準の行政を行った場合に必要となる需要額を一定の方法で算定した額）が**基準財政収入額**（標準的な状態で徴収が見込まれる地方税と地方譲与税の収入を一

定の方法で算定した額）を超える自治体に対して，その差額（財源不足額）を基本として交付される。基準財政需要額は，費目（衛生費，道路橋梁費など）ごとに，「測定単位（人口・道路面積など）×単位費用（測定単位1当たり費用）×補正係数（寒冷補正，合併補正など）」を求め，その合計額として算定される。

1990年代半ば以降，各自治体の交付税の総額を積み上げたものと，国税5税を基本として計算された交付税総額が乖離する状態が常態化している。つまり，国税5税を基に算出された原資では，「基準財政需要額－基準財政収入額」の実際の差（財源不足額）に到底足りない状態が続いている。この乖離を埋めるための補塡措置の方法をめぐって，毎年，財務省（旧大蔵省）と総務省（旧自治省）とが対立を繰り返してきた。前者はできるだけ国庫に負担をかけない方法を求めるのに対して，後者は地方の利益を代弁して交付税率の引き上げなどを求めていく。地方交付税が現行の規模にまで拡大してきたそもそもの原因は，国（各省庁）が次々に新しい事務事業の執行を自治体に義務づけてきたことと自治体間の財政力に大きな差が存在することに由来する，という議論が展開される。交付税が大幅に削減された三位一体改革以降，交付税に関する地方の関心は非常に高まっており，その復元が大きな課題となっている。

国庫支出金（国庫補助負担金）

国庫支出金とは，国と自治体の経費負担区分に基づき，国が自治体に対して支出する負担金，委託費，特定の施策の奨励または財政援助のための補助金等をいう。使途が特定されている特定財源（いわゆる紐付き財源）であり，その点で，一般財源（使途が特定されていない財源）である地方交付税と大きく異なる。

国庫支出金については，超過負担問題が継続して指摘されてきた。

国の業務の執行を自治体にお願いしているにもかかわらず,その費用の一部を自治体に負担させるのはおかしいというものである。また,国が一方的に補助率を切り下げた場合に大きな負担を自治体が強いられる点も問題とされてきた。

三位一体の改革◆の議論過程においては,地方の側は特定の国庫支出金の廃止,税源移譲を主張したのに対し,多くの省庁は補助率の切り下げ(2分の1を3分の1にするなど)で対応するという方法に出た。各省庁の紐付き財源である点は解消されず,他方,超過負担がさらに拡大して予算編成に困難をきたす自治体が増加した。

地 方 税

地方税が,自治体にとって最も重要な財源であることはいうまでもない。

都道府県においては,地方税のうち,道府県民税のうちの法人分と法人事業税(両者を合わせて法人2税と呼ぶ),地方消費税,自動車税の占める割合が高く,景気の動向に税収が大きく左右される。そこで,自治体によっては,法人の収益に関係なく課税できる外形標準課税(事業規模や活動量などを基準に課税する)の検討が模索され,2004年度からは法人事業税の4分の1に外形標準課税が導入された。

市町村においては,市町村民税,固定資産税の占める割合が高く,

◆**用語解説**

　三位一体の改革　①税配分の見直し(税源移譲),②国庫支出金(負担金,補助金)の削減,③地方交付税の見直し,の3つを同時に改革しようとするもの。それぞれ利害関係が複雑にからんでいるため,部分的に実施することは困難であり,一度に行う以外にないとして,小泉内閣時の経済財政諮問会議で提起された(2002年)。

都道府県に比較すると税収構造は比較的安定している。

地 方 債

　地方債とは，自治体が資金調達のために負担する債務であり，その返済が一会計年度を超えて行われるものをいう。地方財政法5条では，自治体は地方債以外の歳入を財源とする必要があるとしているが，同条但し書で，①公営企業，②出資金・貸付金，③地方債の借換え，④災害復旧事業，⑤公共施設や公用施設の建設事業の5つを，例外的に地方債が発行できる適債事業としている（**建設地方債**と呼ぶ）。

　この基本原則の例外として，特別法によって地方債を起こすことができるいくつかのケースがある。例えば，退職手当債，過疎対策事業債，臨時財政対策債（地方交付税の交付原資の不足にともない，地方交付税に代わる地方一般財源として発行が可能な，特別的な地方債）などが挙げられる。

　地方債については，国債を考える際の世代間負担の問題とともに，行政区域を越えた住民移動が生じることから世代内の負担配分にも一定の配慮が必要である。いわゆる「地方債便益の食い逃げ」を回避するためには，毎年便益に見合うものとなるように地方債の償還を行うか，あるいは将来の償還に備えて，毎年少しずつ財源を積み立てる（**減債基金**）必要がある。ただ，1990年代後半以降の地方財政難の中で，減債基金を積み立てることができず，逆にそれを取り崩してなんとか毎年の予算のやりくりをしている自治体も少なくない。

　また，政府保証や財政措置（交付税措置など）が行われてきたことから，自治体が安易に地方債を発行してきたという批判も強い。零細自治体が**ベイルアウト**（事後的な財政救済措置）を期待して，地方

債を際限なく発行するインセンティブ（誘因）をもってしまっているという批判があり，地方債に対する交付税措置については，順次見直しが進められている。そこで，国による地方債の暗黙の政府保証をはずし，貸し手側に負担を負わせる「債務調整」を制度化すべきであるという意見が主張される一方で，現行の制度を維持すべきという地方からの意見も多い。

3 ミクロの地方財政

個別自治体における歳入の内容

前節で，M市とH市とを比較して見たように，個別自治体がどこからどのように予算を調達しているか，すなわち，歳入の構成割合は，自治体ごとに相当異なる。地方交付税を受け取っていない自治体（不交付団体：2010年度で1774自治体中71自治体）もあれば，歳入のかなりの部分を地方交付税に依存している自治体もある。

地方税は，自治体にとって最も重要な財源である。

先に見たH市の市税収入は，約204億円だが，それはどのような内訳になっているのだろうか。それを見たのが図1-5である。

市税収入約204億円のうち，46.4％が固定資産税から，41.2％が市民税から，6.3％がたばこ税から，それぞれ構成されていることがわかる。市町村の場合，固定資産税がかなりの割合を占めており，景気による変動を受けにくいので，比較的安定した収入ということができる。これに対して，市町村の税収である法人市民税や，都道府県の税収である法人事業税などは先述したように，景気の動向に左右されやすい。

従来，日本においては，その税目や税率について，地方税法などでかなり細かく法定されており，自治体が独自に法定外の税を課す

図1-5　H市市税内訳

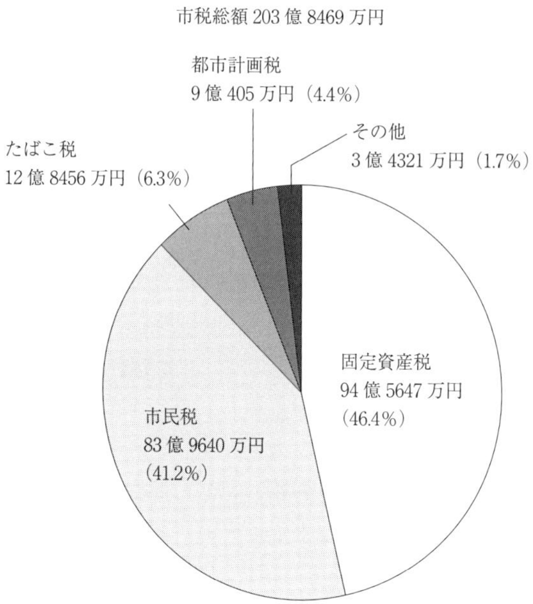

市税総額 203 億 8469 万円

- 都市計画税　9 億 405 万円（4.4%）
- その他　3 億 4321 万円（1.7%）
- たばこ税　12 億 8456 万円（6.3%）
- 固定資産税　94 億 5647 万円（46.4%）
- 市民税　83 億 9640 万円（41.2%）

［出所］　H市ウェブサイト。

ことは、あまり多くはなかった。2000年に施行された地方分権一括法（「地方分権の推進を図るための関係法律の整備等に関する法律」）によって、従来の法定外普通税に加えて法定外目的税が創設され、合わせて法定外税全体が許可制から協議制に移行した。

さて、法定外税を課している自治体は、2010年4月現在、市町村で法定外普通税で7団体（砂利採取税3団体、別荘等所有税1団体、狭小住戸集合住宅税1団体など）、法定外目的税で6団体（環境協力税3団体、遊漁税1団体など）であり、都道府県では法定外普通税で15団体（核燃料税11団体など）、法定外目的税が29団体（産業廃棄物税27団体、宿泊税1団体など）である。県レベルで普及している産業廃

棄物税は，各自治体が当初見込んだ税収が入っていないケースも多いが，それは，産業廃棄物の県内への持ち込みの減少を意味し，税源としてよりも環境保護という政策目的の達成という点では機能しているともいえる。

地方財政が逼迫(ひっぱく)してからは特に「徴税率の向上」ということが多くの自治体で真剣に取り組まれつつある。財源を確保するという点からも，また，課税の公平性の観点からも，滞納者を発生させることは好ましいことではないが，実際は，徴税率が9割を切っている自治体もある。そこで，最近では，徴税の特命チームを創設したり，滞納者への督促電話を外部委託したり，広域連合で徴税機構を創設したりするなど，さまざまな取り組みがなされている。

徴税コストという観点からいうと，国税庁が自治体から受託して，同一課税客体に関しては，国税徴収とともに地方税も徴収するという方法も考えることができる。しかし，地方自治の観点からは反論も出てくるだろう。

地方交付税のうち94％に当たる普通交付金の額は，総務省の算定式により自動的に決まってくる。特別交付金については，政治的な折衝を行って「取ってくる」といわれることもあるが，1つの県の中で市町村を並べた場合，災害などの要素を除けば，微調整はあるものの裁量の余地はそれほど大きくはない。

国庫支出金を自治体が選択する場合には，政策余地が生まれる。例えば，総事業費1億円の事業であっても，国の補助率が50％であれば，残りの半分すなわち25％を都道府県が負担することが多い。そこで市町村は，総事業費の25％だけを自己負担すれば，当該事業を実行できる。市町村はもともと確保していた1億円の事業費を市町村単独事業に使えば当該事業だけしかできないが，上のようなしくみの補助金を活用した事業に使えば，財源が4倍に化け4

種類の異なる補助事業を実施できる。

 この政策誘導効果を，国が地方を縛るものであり国庫補助負担金制度の最大の弊害であると断ずる意見も強い。他方で，自治体の側のしたたかさを強調し，制度を巧妙に活用する自治体像を析出する考えもある。自治体は，各省庁の正規の行政ルートを使って，あるいは地元選出代議士などの政治ルートを使って，したたかに補助金の獲得を求めてきたことも事実なのである。

 1990年代以降，国の景気刺激策に地方が踊らされたり，国の減税策によって地方も影響を受けたりするなど，どうやら自治体側の要因というより国のさまざまな政策が引き金となって地方財政を苦しくさせたともいうことができる。ただ，踊る側にも踊り方があった。慎重に財政状況を見極めて，身の丈に合った健全な財政運営をしてきた自治体から，かなり無理な財政運営をしてきた自治体まで，さまざまである。

 P県においては，箱もの施設を建設した当時は，その後の財政逼迫は予想できないことであっただろうが，建設を控えるという選択肢もあったはずである。

個別自治体における歳出の決定——予算編成

 ①歳出——何にいくら使うのか　地方財政計画は，自治体における歳出歳入総額の計画を示している。個別自治体は予算編成における歳入総額の推計の際，この地方財政計画に大きく影響を受ける（例えば，地方税減税が個別自治体の税収を下げることになったり，地方交付税の総額が個別自治体に影響したりするなど）。

 毎年の地方財政計画に影響を受けつつ，各自治体は，それぞれ独自に予算組みを行って，歳出の内訳を決めることになる。

 歳出を分類する際には，目的別分類，性質別分類が主として使わ

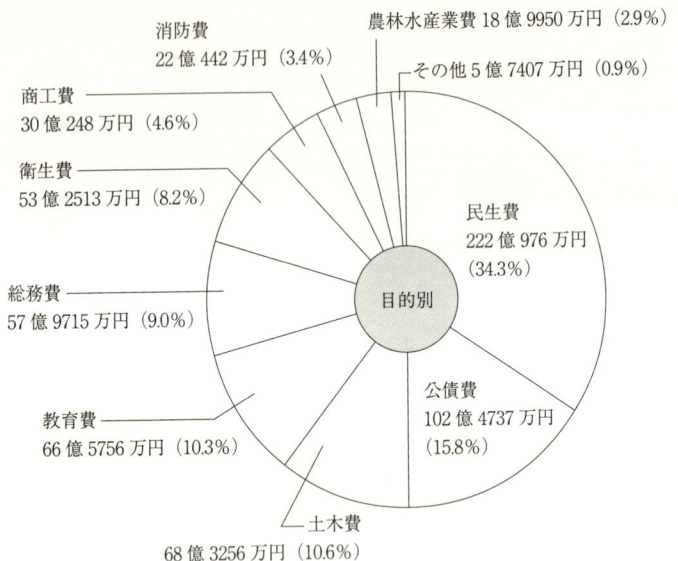

図1-6 H市X年度歳出予算（目的別）

総額647億5000万円

[出所] H市ウェブサイト。

れる。**目的別歳出**とは，行政目的に着目した歳出の分類をいい，総務費，民生費，衛生費，労働費，農林水産業費，商工費，土木費，消防費，警察費，教育費，交際費などに大別することができる。先に見たH市の歳出予算を費目別に見てみよう（図1-6）。子どもやお年寄り，障害者への福祉などに要する民生費が全体の3分の1を占めている。次に大きいのが公債費（借入金の返済に要する経費）で，約16％となっている。民生費と公債費で，歳出全体の半分を超えている。

そのほか，道路や公園，区画整理やまちづくりに要する費用である土木費が10.6％，小中学校の教育施設や文化の向上に要する教

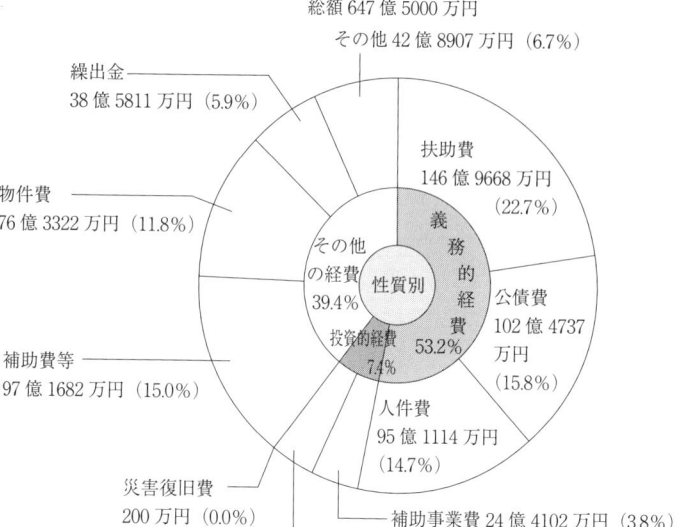

図1-7 H市X年度歳出予算（性質別）

[出所] H市ウェブサイト。

育費が10.3%となっている。

　総務費とは，庁舎の管理，戸籍，統計，徴税，選挙など市役所を運営するための全般的な経費のことであるが，これが9.0%，ごみの回収や健康診断などに要する衛生費が8.2%などとなっている。

　公債費，つまり，借金返済の割合が15.8%であり，かなり大きな割合を占めているが，これは何もH市に限ったことではない。多くの自治体で，歳出総額の10%以上を，自治体によっては25%以上を，借金返済のための公債費に使わざるをえなくなっている。地方財政は借金のやりくりでなんとかしのいでいるのが現状である。

　性質別歳出とは，経費の経済的性質に着目した歳出の分類であり，義務的経費，投資的経費およびそのほかの経費に大別することがで

3 ミクロの地方財政　19

きる。**義務的経費**とは，自治体の歳出のうち，任意に削減できないきわめて硬直性が強い経費であり，職員の給与等の人件費，生活保護費等の扶助費（社会保障制度の一環として自治体が各種法令に基づいて実施する給付や，自治体が単独で行っている各種扶助にかかわる経費。なお，扶助費には，現金のみならず，物品の提供に要する経費も含まれる。）および地方債の元利償還金等の公債費からなっている。H市の場合は，その割合が53.2％になっている（図1-7）。

投資的経費とは，道路，橋梁（きょうりょう），公園，学校，公営住宅の建設等社会資本の整備等に要する経費であり，普通建設事業費，災害復旧事業費などから構成されている。

②**予算の重要性と財政課**　自治体の予算は，一会計年度の歳入歳出の見積もりの一覧表であるが，これは自治体の政策そのものである。予算編成は，自治体の組織的意思決定の一種であり，組織間（内）の協議・折衝の結晶ともいえる。

予算は，首長にのみ編成権がある。財政民主主義の観点から議会の議決が事前に必要であるが，議会の予算修正権には限界があるという前提での運用がなされている。

編成権は首長に属するものの，ある程度以上の規模の自治体では，運用実態として予算担当の課にその権限が実質的に託されていることが多い。自治体の政策は予算を通じて実現することから，自治体の中でも予算編成をする部局，財政課（財務課）は重要な役割をもたされ，事実上，自治体の指令塔の役割を果たしてきた場合が多い。自治体内でも将来の幹部候補と見込まれた職員が配置されることが多く，また，自治体への自治省（現総務省）からの出向者も，自治体の財政課長を経験することが多い。

③**編成プロセス**　伝統的に，自治体においてとられてきた予算編成過程は次のようなものである。

まず,**第1フェーズ**として,予算担当部門(財政課)が全体の予算要求総枠の把握につとめる局面がある。毎年7月ごろ,財政課から各部局の予算担当課(総務課など)に対して経常経費と政策経費,とりわけ新規充実予算などの概算額の見積もりを依頼する。各部局の総務課はこれを受けて,部局内の各原課に照会する。各原課では,財政課からの通知(新規充実予算要求をあげるように,必要な経費とその財源を明示するように,などの指示)に基づいて概要額の見積もりを行い総務課へ提出する。8月末から9月ごろ,各部局の総務課で部局内の概算見積もりがまとめられ,財政課に提出される。これにより予算要求の総枠を財政課が一応把握する。

　第2フェーズは,歳入と歳出の見込みをつき合わせて,予算要求枠を設定する局面である。10月ごろには財政部局内の税務担当部門において県税(市税)の歳入見込額が推計されるので,財政課はこの歳入見込額すなわち一般財源収入と,歳出の一般財源充当額すなわち,経常的経費見積もりおよび政策的経費概算見積もりによって収支見通しをつけ,予算要求枠(例えば,経常的経費X%増〈減〉,政策的経費Y%増〈減〉)を設定し,各部局の総務課へ通知する。各部局の総務課では,この予算要求枠をそのまま(あるいは若干の調整を経て)部局内の各課に通知する。この間,各部局では,各係,各課,各部局と順に政策的経費の予算要求額について調整を行う。総務課は,各原課に対してはあたかも財政課であるかのように調整権限を発揮して要求枠を守ろうとし(守),逆に,部局の当初予算要求ができあがった後11月ごろに財政課へ提出し,それを説明する際には,原案が最善のものだと主張する(攻)。このようなしくみは,**攻守交代システム**と見ることができる。

　第3フェーズは,各部局から提出された当初予算要求を,財政課で査定する局面である。11月ごろ,庁内の各部局総務課から当初

予算要求が出揃うと、財政課での査定が始まる。担当者ごとに担当部局が決まっているのが通例で、担当者が当該部局の予算査定を行うことになる。査定のプロセスを通じて、関連部局の総務課から（場合によっては原課からも）積算根拠や当該事業の必要性などのヒアリングを繰り返すことも多い。経常経費の査定において重要視されるのは、①**漸増主義**（過去の決定のほとんどを所与のものと考え、新しい条件に応じるための限定的な変化にのみ注意を集中する）と、②政策の中身を内在的に検討するよりも、事務的な側面（単価の見積もりの適切さなど）を検討することに力を注ぐことである。政策経費については、政策の中身についても踏み込んだ議論がなされる。

財政課の担当者レベルでの一応の査定が終了した段階で、予算担当係長、財政課長、さらにその上の職位がある場合には当該部局長と査定が続くことになる。ここでも、上の職位へ説明する度に攻守交代が行われることになる。

通例、予算要求枠を設定していても、予算要求の総額は当初予定している歳入総額を上回ることが多い。査定によって削減することにも限界がある場合、起債や基金の取り崩しなどの方法によって歳入の増加が試みられることになる。12月末の国の予算編成の動向もにらみながら、最終的に翌年1月には、財政課による予算原案の内示が行われることになる。

予算原案が内示された後の復活折衝（各部局が、認められなかった要求の復活を求める交渉）の対象となるものは、重要かつ新規の事業に限られることが多く、最終的に首長査定にまで持ち込まれるものは、さらに絞り込まれる。これらのプロセスを経て2月に当初予算案が確定し、2月末に議会に諮られ、3月に議会で審議されることになる。

最近では、財政課による集権的な予算編成を大幅に変更して、各

セクションに一括して**予算枠を配分**し，細部についての配分は各部局に任せようという予算編成の仕方も見られるようになってきた。例えば，経常的経費を各部に全額配当してしまい，各部ではこの配当された一般財源と各部が見込む特定財源（国庫支出金や使用料，手数料など）との合算額の範囲内で歳出予算を積み上げるというものである。各部では資産活用や国庫支出金の確保などのインセンティブが働く。執行段階での流用や執行委任についても，その権限を各部局長に委譲したり，各部での各会計年度での財政余剰を，翌年度以降の予算枠として加算したりするようにしている自治体もある。部局としての自律性を高めるというものである。

このような総合予算制度，包括予算制度は，2003年からいくつかの自治体で取り入れられ始めた。**庁内分権**の流れの一環とも見られるが，他方，自治体にとっては，1980年代とは異なって，もはや全体に配分できる十分な財源がないために，歳出削減のための手段として，枠配分を行っていると本音を答える財政課長も少なくない。

4 個別自治体の財政力の判断

いくつかの指標

予算書は電話帳のように分厚く，一般の住民がそれを読み解くことは現実には難しい。

より簡易に，いくつかの指標を基に，住民が財政分析を行い，納税者として監視をすることが必要になってくる。その際，いくつかの指標が使われるが，ここでそれを見ておこう。

まず，**財政力指数**は自治体の財政力を示す指数で，基準財政収入額を基準財政需要額で除して得た数値の過去3年間の平均値をいう。

Column ① 夕張市の財政破綻

　夕張市は石炭・炭鉱の町として有名だった。1960年には24の炭鉱があり人口は11万7000人で，日本一の炭鉱の町だった。しかし，石炭から石油へという国のエネルギー政策の転換に伴い状況は一変する。1962年には，3つの炭鉱が閉山し，その後も閉山が相次いでいく。夕張市は，炭鉱住宅，水道設備，公衆浴場や学校など，それまで炭鉱会社が負担していた社会インフラを購入するなど，少しでも，労働者や家族に市内にとどまってもらおうと努力した。市の投資は，橋の架け替えや道路の整備など社会資本全般に及んだ。

　市の財政破綻を招いた要因には，観光施設への過大な投資も挙げられる。炭鉱労働者の雇用を確保するため，市は大型遊園地，サイクリングターミナル，科学館など次々と観光施設を建設していった。観光振興でまちを維持しようと考えたが，それらは裏目に出てしまった。

　人口は，ピーク時の11万7000人から激減し，2005年には1万3000人と，1割近くになっていた。累積する過大な観光事業への投資，非効率な組織運営，産炭地振興対策の廃止などに伴う収入の大幅な減少などが，赤字の拡大を招いた。関連する第3セクターなどを束ねる観光会計等の赤字も年々拡大していった。財政再建団体に転落した2006年に明らかになった時点で，負債総額は市の年間予算の10倍以上にもなっていた。

　しかし，その直前まで，夕張市は，巨額の赤字が表面化しないように，1990年代後半以降，巧妙な会計処理をしてきた。本来ならば，短期の

これが高いほど，普通交付税算定上の留保財源が大きいことになり，財源に余裕があるといえる。

　経常収支比率は，自治体の財政構造の弾力性を判断するための指標で，人件費，扶助費，公債費のように毎年度経常的に支出される経費（経常的経費）に充当された一般財源の額が，地方税，普通交付税を中心とする毎年度経常的に収入される一般財源（経常一般財

資金需要に応えるための一時借入金（一借・いっかり）を，不適切な財務処理によって長期の資金需要に用いてきた。一借は，一般に，市税や交付税などが入る時期と，資金需要が発生する時期がずれ，一時的に資金不足になるときに活用される。複数年にわたり返済する地方債と異なり，年度内に返済しなくてはならず，財源にはできない。ところが夕張市は，一借を財源として使い，資金不足を補っていた。一借は年度内に返済するため決算表には出ないので，赤字決算にはならなかった。さらに，4月と5月の出納整理期間という制度と組み合わせて，この一借を活用した。夕張市は，前年度の赤字を，出納整理期間に借りた資金で埋め合わせる操作を毎年続けた。赤字が顕在化しないように，いわば自転車操業をしていたのだが，長年にわたって借り換えを繰り返すうちに，借金が膨らみ，とうとう財政破綻にいたった。

夕張市の財政破綻は，夕張市民のみならず，全国の自治体に大きな衝撃を与えた。夕張市の財政再建計画では，歳入，歳出が厳しく見直され，公共料金などの引き上げで住民負担は増加することになった。7校あった小学校，4校あった中学校は，それぞれ1校に統廃合された。市職員数は260人から126人へと半数になり（2007年3月末に大量退職），管理職も57人から15人に減らされた。残った職員の給与も全国最低レベルに設定された。夕張市の教訓は，自治体のガバナンスが重要であること，自治体財政の透明化が何より必要だということである。これはその後の自治体財政健全化法へとつながる。

源），減税補塡債（地方税の特別減税，制度減税にともなう減収額を埋めるため，特例的に認められている地方債）および臨時財政対策債の合計額に占める割合をいう。経常的経費に経常一般財源収入がどの程度充当されているかを見るものであり，比率が高いほど財政構造の硬直化が進んでいることを表す。

実質公債費比率は，自治体における公債費による財政負担の度合

図1-8 財政再生団体，早期健全化団体の基準

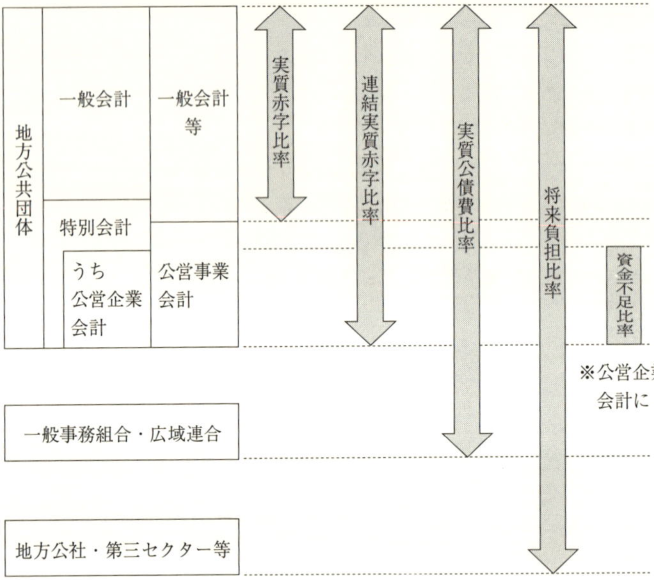

地方公共団体	一般会計	一般会計等	実質赤字比率	連結実質赤字比率	実質公債費比率	将来負担比率	
	特別会計						
	うち公営企業会計	公営事業会計					資金不足比率

※公営企業会計に

一般事務組合・広域連合

地方公社・第三セクター等

[出所] 総務省ウェブサイト。

いを判断する指標として，起債に協議を要する自治体と許可を要する自治体の判定に用いられるものである（地方財政法5条の4第1項第2号）。この際，従来の起債制限比率に反映されていなかった公営企業（特別会計を含む）の公債費への一般会計繰出金，PFI（Private Finance Initiative，民間資金の活用による公共施設などの整備，162頁参照）や一部事務組合の公債費への負担金なども算入される。実質公債費比率が18％以上となる自治体については，地方債協議制度（従来，地方債の発行は大臣等の許可制だったが，地方分権一括法による法律改正により協議制となり，2006年に施行された）移行後においても，起債に当たり許可が必要となる。

表 1-2　健全化判断比率にかかわる早期健全化基準等 (2010年度)

	早期健全化基準		財政再生基準	
実質赤字比率	都 道府県 市区町村	5.54% 3.75% 財政規模に応じ 11.25〜15%	都 道府県 市区町村	8.57% 5% 20%
連結実質赤字比率	都 道府県 市区町村	10.54% 8.75% 財政規模に応じ 16.25〜20%	都 道府県 市区町村	28.57% 25%※ 40%※
実質公債費比率	都道府県・ 市区町村	25%	都道府県・ 市区町村	35%
将来負担比率	都道府県・ 政令市 市区町村	400% 350%		−
資金不足比率	（経営健全化基準） 20%			−

［注］　※ 3年間 (2009〜11年度) の経過的な基準 (道府県は 25% → 25% → 20%, 市区町村は 40% → 40% → 35%) を設けており, 経過措置期間終了後の財政再生基準は道府県：15%, 市町村：30%となる (東京都についても別途経過措置が設けられている)。
［出所］　総務省ウェブサイト。

　実質公債費比率が25%以上の自治体については，一定の地方債（一般単独事業にかかわる地方債）の起債が制限され，35%以上の自治体については，さらにその制限の度合いが高まる（一部の一般公共事業にかかわる地方債についても起債が制限される）ことになる。
　これらの指標を基に，当該自治体の財政状態を住民が監視しておくことが必要である。

自治体財政健全化法

　2007（平成19）年6月に「地方公共団体の財政の健全化に関する法律」（自治体財政健全化法）が成立した（2008年度決算から適用）。

表1-3 早期健全化団体

	2008年度決算	2009年度決算
北海道	歌志内市, 江差町, 利尻町, 浜頓別町, 中頓別町, 洞爺湖町, 由仁町,	中頓別町, 由仁町, 洞爺湖町, 江差町
青森県	大鰐町	大鰐町
山形県	新庄市	
福島県	双葉町	双葉町
群馬県	嬬恋村	
長野県	王滝村	
奈良県	御所市, 上牧町	御所市, 上牧町
大阪府	泉佐野市	泉佐野市
兵庫県	香美町	
鳥取県	日野町	日野町
高知県	安芸市	
沖縄県	座間味村, 伊平屋村, 伊是名村	座間味村, 伊平屋村, 伊是名村

［出所］ 総務省ウェブサイト。

1955（昭和30）年の「地方財政再建促進特別措置法」（財政再建法）の制定以来，半世紀ぶりの抜本的見直しであり，夕張市の財政破綻問題（*Column* ①参照）などを受けて策定されたものであった。

財政健全化法では，①実質赤字比率，②連結実質赤字比率，③実質公債費比率，④将来負担比率という4つの財政指標（健全化判断比率）の作成・公表が，自治体に義務づけられた。従来は，普通会計の財政状況を示す実質収支比率のみを指標としてきたが，公営企業や土地開発公社などの財政状況による普通会計への影響を把握できないという批判や，ストック（保有資産や借金など）面での財政状況に課題がある自治体を把握する必要がある，などの指摘をふま

えたものである。従来は,普通会計と他の会計との間で資金のやりとりを行って実質的な赤字を小さく見せていた自治体も,今後は,それができなくなり,住民にガラス張りになることになる。

　また財政健全化法では,財政の早期健全化,財政の再生なども規定している。2008年度決算で,一番状態の悪い,財政再生団体（財政破綻状態）は夕張市1市だけであった。財政再生団体になるおそれが強い早期健全化団体（財政破綻懸念）は21市町村であったが,翌2009年度決算では12市町村に減少した。早期健全化団体に指定された市町村が,財政再建に真剣に取り組んで,実質赤字を解消したり,実質公債費比率を下げたりする努力を行ったことによるものである。ただ,近いうちに早期健全化団体に転落する可能性のある自治体は少なくない。

◆引用・参考文献◆

　　出井信夫・池谷忍『自治体財政を分析・再建する——予算・収支の読み方から,行政評価・バランスシート・財政健全化計画の作成法まで』大村書店,2002年

　　出井信夫・参議院総務委員会調査室編『図説　地方財政データブック（平成20年度版）』学陽書房,2008年

　　小西砂千夫『自治体財政健全化法——制度と財政再建のポイント』学陽書房,2008年

　　総務省編『地方財政白書』各年版（平成13年度までは自治省）

　　林健久編『地方財政読本〔第5版〕』東洋経済新報社,2003年

　　読売新聞北海道支社夕張支局『限界自治　夕張検証——女性記者が追った600日』梧桐書院,2008年

自治体の機関

第2章

1 P県知事と県議会, 県教育委員会

議会との関係

X年のP県知事選挙は, 当初, 現職の知事が再選をめざし, 実質的に選挙戦は無風になるだろうと予測されていた。しかし, 種々の理由から現職が再選への出馬を断念し, 突如として候補者探しが始まる。

国政と県議会の与党である民自党は, さまざまな人脈を使って最終的には知名度の高い鷲本に狙いを定め, 説得し, 出馬させること

に成功した。対立候補の野党公認の大学教授は大敗し、与党の擁立したP県の鷲本県政がスタートすることになる。

このような経緯があるので、当初、知事と県議会与党の民自党および公平党との関係は良好であった。しかも、両党を合わせれば、県議会の定数の過半数に達するので、たいていの条例案などは議会を通過すると考えられた。

だが、財政非常事態宣言にともなう財政削減については、県議会の過半数を占める民自党や公平党の中でも異論がくすぶっていた。「箱もの施設」への財政支出を削減しないように支持者からの陳情を受けて、削減に難色を示す議員も少なくなかった。ただ、鷲本知事の「抵抗勢力」とみなされることへの懸念も強く、腰のすわらない状態が続いていた。

知事の選出方法は、議院内閣制のもと、国会議員の中から選出される内閣総理大臣とは根本的に異なる。知事、市町村長は、その地域の住民によって直接選ばれる。民意が直接反映されているため、そのリーダーシップ如何では大胆なことが数多くできる。知事が考えてその気になりさえすれば、大胆な政策変更も可能である。数多くの県職員の人事権、何千億円という予算の執行権、数千という許認可権を日々執行する大変な権限を背負うポストなのである。

もちろん、同じ住民から選出されるものとして地方議員がいて、首長と議会との**二元代表制**というしくみとなってはいる。だが、国会が「国権の最高機関」（憲法41条）であるのに対して、地方の場合は、「普通地方公共団体の長は、当該普通地方公共団体を統轄し、これを代表する」（地方自治法147条）となっているので、首長は事実上議会より優位に置かれているといえる。それゆえ、実態として、地方における「大統領」の意識を有することもできるのである。鷲本知事のように、県民から絶大な支持を受けていれば、その権限

は万能に近いといえるだろう。

　とはいうものの，二元代表制の大原則がある。知事が勝手に何でもできるわけではない。とりわけ議会で特別多数（出席議員の3分の2以上の者の同意）の議決が必要な案件については，知事の思い通りにならないことが多い。代表例が，県庁の移転に関するものである。都道府県庁や市町村役場の移転については，その重要性に鑑み，出席議員の3分の2以上の者の同意を得る必要がある（地方自治法4条3項）。

　鷲本知事は，現在の県庁の建物が古くて使いにくく，しかも耐震性に疑問が投げかけられているため，バブル期に海岸近くに建設された高層タワーを買い取って，そこに県庁を移転するという奇想天外な案を発表した。当然，県庁で働く職員のみならず，議員の間にも衝撃が走った。諸々の反対理由が挙げられたが，議員たちの本音の多くは，現庁舎に比べて地理的に不便なところに位置するという点であった。知事は猛烈な多数派工作を進めた。しかし結局，3分の2の議員を説得するにはいたらず，県庁の移転案は議会で否決されてしまった。

　大統領型の知事といえども万能ではないことを示す一例である。

教育委員会との関係

　就任してまもなく，P県議会でA議員の質問（「教員も信賞必罰であるべきではないか」という趣旨）を受けた鷲本知事は次のように答弁した。「頑張っている先生をきちんと評価し，頑張らない先生に対しては厳しい対処をするように，教育委員会にはきちんと私の方からも命じます」。これを聞いてA議員は「知事もああいっているのだから教育委員会，教育長，しっかりお願いしますよ」と締めくくった。

だが,「私の方から命じます」という言葉は,知事の勇み足であった。教育委員会は,地方自治法上も,地方教育行政法上も知事からは独立した機関である（地方自治法180条の8,地方教育行政の組織及び運営に関する法律23条）。そのことを指摘された知事は,次の議会答弁において非を認め「命じるといったのは,行政の長として完全に間違っておりました。申し訳ございませんでした。」と平謝りに謝った。

そもそも,知事が教育委員会に対してもっているのは,予算,教育委員の任命権,議案の提出権など限られたもので,教育委員会やその補助執行機関である教育委員会事務局の職員に対しての指揮命令権限は有していない。

教育委員会のほか,人事委員会や,公安委員会などの行政委員会が置かれている背景は,①政治的中立性の確保,②公正・公平な行政の確保,③利害の調整,④慎重な手続きを要するもの,などである。第二次世界大戦後,アメリカの制度を参考に日本へ導入されたものであり,「執行機関の多元主義」という原理を具現化した制度である。首長への権力集中を防ぐこと,政治的中立性を要する事務など公選首長が処理するには不適当なものを扱う機関を置くことがその主眼とされている。

しかし,このような政治的中立性に守られた組織の存在は,政治家である首長にとっては,いろいろと面倒な存在であるのは間違いない。これまでも,教育委員会廃止論が,何人かの市長によって積極的に発言されてきた。

鷲本知事もこの歯がゆさを如実に感じることになる。P県は全国学力テストの成績が2年連続で低迷した。そこで「教育非常事態宣言」を発し,教育力向上への取り組みを徹底する考えを示した。知事は「県教育委員会が前回の（学力）テスト後に『方策をとる』と

いったのに，まったく改善されなかった」とし，学力テストの市町村別結果を公表する必要性を強調した。これに対し，県教育委員会は，当初，学力テストの市町村別正答率の公表を拒否していた。

鷲本知事は，ある公開ミーティングの中で，「くそ教育委員会が公表しないというんですよ」と発言して波紋を呼んだ。この発言は，首長の力が直接教育問題には及びにくいことへの苛立ちを表しているとも考えられる。「くそ」と形容詞をつけたことが波紋を大きくし，マスメディアもこの議論を大きくとりあげた。(もっとも，知事はすぐに，当該発言が不適切であったと陳謝している。「おかんに怒られたから，もう，『くそ』などとはいいません」という理由であった。)

その後，県内の市町村長から正答率公表に賛同する声が出たため，P県教育委員会も方針を転換し，市町村別正答率を公表することとなった。

＊　＊　＊

自治体は，議決機関としての議会と，執行機関としての首長（知事・市町村長）および行政委員会（教育委員会など）から構成される。首長を支える補助機関である県庁職員や市役所職員などについては章をあらためて検討することとし（第4章参照），本章では，議会・議員と，首長，行政委員会について学ぶこととする。

議決機関とは，自治体の重要事項について意思決定する機関であり，また，執行機関とは，決定された意思（独自の執行権限のある事項については自らの意思）を実施する機関である。

自治体の機関のしくみとしては，次のような大きな2つの特徴がある。まず第1に，首長については大統領制とも呼ぶことができるようなものが採用されている点である。首長と議会議員双方が住民の直接選挙によって選出され，両者が対等の立場でそれぞれ独立の

権限をもち，相互の牽制と調和によって，行政の公正で民主的な運営を保障しようとするものである（憲法 93 条 2 項）。国では，内閣が国会の意思によって成立し，内閣の存立のためには議会の信任が必要とされている議院内閣制がとられていることと比較した場合，対照的である。

第 2 に，自治体の執行機関として首長のほかに，首長から独立した地位と権限をもつ合議体の執行機関である行政委員会が置かれている点である。**執行機関の多元主義**と呼び，首長への権力の集中を排除し，行政の適正な執行を図ろうとするものである。ただ，この多元主義は，自治体の行政の一体性・総合性を欠くおそれがあるなどの問題点も指摘しうる。

2 首　長

知事・市町村長といった自治体の首長は，実にさまざまな仕事をしている。イベントでの祝辞を述べる姿，外国からの賓客(ひんきゃく)に応対している姿，高校野球の地区大会で始球式をしている姿，道路の開通式や会館の開館記念式などでテープカットをしている姿などがテレビではよく映し出され，住民の中にも首長はそのような仕事ばかりしているのだと思っている人が多い。もちろんこのような仕事も首長の仕事の一部ではあるが，地方自治法上では，自治体を「統轄し，これを代表する」（地方自治法 147 条）とともに，「事務を管理し及びこれを執行する」（同 148 条）とされているのであって，より幅広くさまざまな権限を有し，それに基づき業務を行い，意思決定を行っている。

重要なところをいくつか挙げると，条例案などの議案提出権，予算の作成・提出・執行の権限，行政委員会委員の任命権，公の施設

の設置・管理の権限などが挙げられるだろう。

　実態として，議会で議決される条例案のほとんどは，首長が提出するものとなっている。首長が執行する事務の多くは法令に基づくものであり，それに関する十分なスタッフを有する首長からの条例提案となるのはやむをえない。予算作成もきわめて重要な業務の1つである。歳入予測と歳出見通しを組み合わせ，かつ，各予算項目ごとにどのような予算をつくるのか，首長の政治姿勢とともに問われるところである。もちろん，提出された予算を決定するのは議会であるが，そこではほぼ原案どおり可決され，首長の作成した予算が翌年度の予算になることがほとんどである。また，首長は膨大な量の事務を処理し，予算を執行しなければならない。そのための補助機関として職員を雇用することになるが，この点については，章をあらためて述べることとする（第4章，第6章参照）。

　このように膨大な量かつさまざまな質の業務をこなさなければならないため，首長の日常生活は驚くほど忙しい。鷲本知事の場合にも，毎日登庁してから退庁するまで，例えば，オリンピックに出場した○○選手の表敬訪問，幹部Bと△△の打ち合わせ，幹部Cとの打ち合わせ，××案件の決裁など10分刻みで予定が入っている。帰宅後も，メールでさまざまな指示を該当部局の部課長へ送るとともに，返信に対して再指示を行う。また，県民から直接知事宛に送られてくるメールにも直接全部目を通し，場合によっては直接返事を出すこともある。土日は，先に述べたようなイベントなどに駆り出されて，ほぼ休日はない状態である。全国のどの首長も土日返上で数多くの業務を抱えている場合が多い。

3 行政委員会

　先に述べたように，自治体の仕事には首長の組織とは別に中立性や公平性が求められるものがあり，行政委員会が置かれている。選挙の執行に当たる選挙管理委員会，警察の仕事に関する公安委員会（都道府県のみに設置），教育の仕事に関する教育委員会，職員の採用や公平審査に当たる人事委員会（都道府県，政令指定都市および一部の大都市），公平委員会（そのほかの市町村）がそれである。これらの委員会は法律上，行政委員会と総称されている。また，自治体の業務に無駄があるかどうかを監査するための監査委員というものも置かれている。

　これらの委員会や委員は，自らの名前と権限に基づいて自治体の業務を行うことができる。例えば，人事委員会委員長名で採用者の決定通知を行ったり，教育委員会委員長名で青少年にとっての有害図書の指定を行ったり，選挙管理委員会委員長名で，当選証書を交付したりすることができる。

　これら行政委員会が自らの名前と権限に基づいて自治体の仕事を行っており，それは首長の執行と並列的に存在する。つまり，上下の関係にはない。これを執行機関の多元主義と呼んでいる。ただ，この多元主義は，各執行機関の行政運営のやり方によっては，自治体の行政が一体性，総合性を欠くおそれがあるなどの問題点があるため，行政の一体性確保のため，首長に総合調整の権限が与えられている。

　自治体の執行機関として設置しなければならない行政委員会は，次の通りである。

　①都道府県の場合　　教育委員会，選挙管理委員会，人事委員会，

監査委員，公安委員会，労働委員会，収用委員会，海区漁業調整委員会（海における漁業調整を行う），内水面漁場管理委員会（内水面〈川・湖沼など〉における漁業調整を行う）

②**市町村の場合**　教育委員会，選挙管理委員会，人事委員会または公平委員会，監査委員，農業委員会，固定資産評価審査委員会

主な行政委員会の組織，権限は，次の通りである。

ⅰ**教育委員会**　5人の委員で組織される（都道府県・政令指定都市は6人以上に，町村は3人以上にすることが可能）。委員は，首長が議会の同意を得て任命し，任期は4年。学校そのほかの教育機関の設置・管理，教職員の任命など教育に関する事務を管理・執行する。

ⅱ**選挙管理委員会**　4人の委員で組織される。議会において選出され，任期は4年。自治体の議員，長の選挙に関する事務のほかに，国，その他自治体の選挙に関する事務を管理する。

ⅲ**人事委員会・公平委員会**　都道府県・政令指定都市においては人事委員会が必置であり，人口15万人以上の市と特別区はいずれかを設置し，15万人未満の市と町村は公平委員会を設置しなければならない。特別区は23区で合同して，特別区人事委員会を設置している。委員会は3人の委員で組織され，首長が議会の同意を得て選任し，任期は4年。公平委員会は，職員の勤務条件に関する措置要求，不利益処分に関する不服申し立ての審査を行う。人事委員会はこれに加えて，給与その他の勤務条件に関する勧告を議会および長に対して行うとともに，職員の採用試験，昇任試験などを担当する。

ⅳ**監査委員**　首長が議会の同意を得て，有識者および議員の中から選任する。有識者委員の任期は4年，議員からの委員は議員の任期による。定数は都道府県と人口25万人以上の市では4人，その他の市町村では2人であるが，条例で定数を増やすこともできる。

自治体の財務事務の執行，自治体の経営する事業の管理，組織，人員，事務処理方法その他の行政運営全般について監査を行う。

4 議会と議員

　二元代表制のもとで，自治体議会は首長と並ぶ住民代表機関であり，住民の利益や意見を表出することが求められている一方で，執行部である首長の統制機関としての役割も求められている。議会の権能や機能にはどのようなものがあるのか，議会の運営はどのようになっているのか，議会を構成する議員にはどのような人が選ばれているのか，などについて以下検討する。

地方議会の権能・機能
　議会は，議会という組織を構成する議長・副議長を選挙する権限（地方自治法103条），条例で常任委員会・特別委員会を置く権限（同109条, 110条）を有するとともに，自治体の議事機関としてその意思を決定する権限（議決権）を有している（同96条）。

　地方自治法96条
　1項　普通地方公共団体の議会は，次に掲げる事件を議決しなければならない。
　　1　条例を設け又は改廃すること。
　　2　予算を定めること。
　　3　決算を認定すること。
　　⋮
　2項　前項に定めるものを除くほか，普通地方公共団体は，条例で普通地方公共団体に関する事件（法定受託事務に係るものを除く。）につき議会の議決すべきものを定めることができる。

表2-1 地方議会の権能

立法機関的役割 (住民利益表出機能)	条例等の議決（地方自治法96条）
執行部の統制機関的役割	検閲・検査権（同98条1項） 監査請求権（同98条2項） 調査権（同100条） 同意権（同162条ほか） 不信任議決権（同178条）

地方自治法は96条1項に議決事項として第1号から第15号までを列挙しており、重要なものとして、条例の制定、予算の議決、決算の認定などがある。そのほかにも、同条2項によって、議会の権能を拡大しうるよう規定がされている。近時、この規定に基づき、総合計画をはじめ、行政計画を議決事項と定める自治体議会も増えてきた。法律上は議会の権限に属さない事項を議決事項に加え、議会の権能・機能を拡大しようとする動きである。

議決をするのは、立法機関的な役割であり、いわば住民利益の表出的な役目を負う。この立法機関の役割とともに、議会はまた、**執行機関の監視機関**（行政部の統制機関）としての役割も負っている。

行政部の統制機関としての役割には次のようなものがある。

①**検閲・検査権** 当該自治体の事務に関する書類・計算書を検閲し、首長や教育委員会などの執行機関の報告を請求し、当該事務の管理、議決の執行および出納の検査をする権限（地方自治法98条1項）

②**監査請求権** 監査委員に対し、自治体の事務に関する監査を求め、監査の結果に関する報告を請求する権限（地方自治法98条2項）

③**調査権** 当該自治体の事務に関する調査を行い、関係者の出

頭・証言・記録の提出を求めることができる権限。地方自治法100条に規定があるため、百条調査権と呼ばれ、このために設置される議会の委員会を百条委員会と呼ぶ。特に設置に制限が課されているわけではないが、従来、百条委員会が設置されるのは、相当重大な事件が起こった場合に事実上限られてきた。

④**同意権**　首長が副知事・副市長を選任したり、教育委員会委員を任命したりする際に、それに同意をする権限（地方自治法162条ほか）。

⑤**不信任議決権**　首長に対して不信任議決をする権限（地方自治法178条）。首長はこれに対して議会を解散して対抗できるが、解散しないときはその職を失う。解散した場合には、招集された最初の議会において再び不信任議決をすると首長は職を失う。二元代表制における機関間の対立を住民の判断に委ねた制度であるということができる。

先に述べたように、日本の地方議会は、住民利益の表出、立法機関としての役割と、執行機関（首長など）の監視機関としての役割を有している。しかし、諸外国の地方議会を見た場合に、さらに、議会自らが執行権限を有している場合も多い。

地方議会の構成と運営——標準規則の存在

日本の地方議会運営の特徴の1つは、全国的に議会がきわめて画一的に運営されていることであるといわれてきた。議会の運営に必要な議事規則に関しては、地方自治法120条が、「普通地方公共団体の議会は、会議規則を設けなければならない」と定めている。条文からは、各自治体がそれぞれ会議の運営方法を考えて規則を定めるようにも読めるが、実態としては、いわゆる**標準規則**（全国都道府県議長会や市議会議長会などが定めているもの）に準拠して会議規則

表 2-2 標準会議規則

○ 一般質問の文書通告制
○ 一括質問・一括答弁方式
○ 質問回数・発言時間の制限

を設けている自治体が大部分である。権威ある機関が国や学者の意見を聞いて書いているため、運用上便利で信頼感に富むとして、多くの自治体がそれに準拠する規則を制定してきたものである。

しかしながら、自治体の規模が多様であるのに、画一的な標準規則を適用しているため実態に合わない場合も多く、自治体議会の運営が画一化・硬直化しているという欠点を指摘する声も少なくない。例えば、ほとんどの自治体は標準規則に基づいて、①一般質問の文書通告制（議員が事前に質問を文書で通告して、首長部局はこれに基づいて答弁書を作成する）、②一括質問・一括答弁方式（一問一答ではなく、質問者が6,7問の質問を続けて、その後、答弁者がまとめて答える）、③質問回数・発言時間の制限、などを採用している。

一般市民の感覚からすると、議会とは「話し合いでものごとを決める場所」というイメージをもつが、日本では、議員同士の討議が議会審議に占める割合はきわめて低い。特に地方議会の本会議では皆無に近いところが大部分である。

議員は、「討議」をしないで、標準規則にいう「質疑」を行っている。質疑とは、議案提案者に対して質問をし、答弁を求めることであるが、自治体議会が扱う議案の大半は首長提出によるものなので、結局、議員が、首長や行政職員に対して質疑をすることになる。質問者である議員と、答弁者である行政側との間でやりとりが展開される。しかし、あらかじめ決められた質問を10分以上延々と読み上げ、理事者側（首長や幹部行政職員）が延々と答えるパターンが

多く,この様子を「学芸会みたいだ」と揶揄した首長もいる。

質問者と異なる見解をもつ議員が質疑に関与する方法は,不規則発言(やじなど)しかない。本会議での「討論」というのも標準規則にはあるが,これは,議案に対する反対者と賛成者がそれぞれの態度表明を行うことをいい,議員相互の批判や反論は想定されていない。つまり,一般人がイメージする「話し合い」ではないのである。

ただ,最近では,質疑の方法が一般市民の感覚からずれているという反省に立って,独自の会議規則や議会基本条例を策定して,議会改革に取り組む自治体議会も増えてきた(後述)。

議会の会期,議員報酬

議会は定例会と臨時会に分けられる。従来からの慣行で定例会は通常年4回開催されることが多く,臨時会は緊急の場合などに特定の案件を示して招集される。

議会の会期日数とは議会が活動をなしうる期間で,開会から閉会までの日数を指す。平均すると,都道府県および市議会で80日程度,町村議会では40日程度となっている。この会期日数には土日や事務整理日などの休会日も含まれるので,実質的にはこれよりもさらに少ない日数しか開催されていないことになる。国会の会期が1年の3分の2ほどに及び,与野党で激しく議論が戦わされていることと比較すると,大きな違いがある。

地方議員は,この会期期間中以外の時期は,何をしているのだろうか。議員によっては,地元の支持者の声を聴くことに多くの時間を割いている人もいる。また,政策のことを熱心に調査し勉強している人もいる。しかし,兼職が禁止されていないので,自分の本職である商売や農業に精を出している人も少なくない。

表 2-3 地方議員の職業

	都道府県議会議員	(%)	町村議会議員	(%)	市区議会議員	(%)
1位	議員専業	42.5	農業	40.6	店主・会社役員	50.0
2位	サービス業	11.0	卸売・小売業	8.3	サービス業など	17.4
3位	農業	10.7	建設業	7.5	農林漁業	13.7
4位	卸売・小売業	5.9	サービス業	7.2	その他	18.9
5位	製造業	5.4	製造業	5.9		

[出所] 都道府県議会・町村議会については，第28次地方制度調査会第20回専門小委員会資料（2005年）。市区は東京市政調査会研究部調査（1996年）による20自治体へのアンケート調査。

　議員はどのような人がなっていて，どのような待遇を受けているのだろうか。次に地方議員の職業や報酬について見てみることにしよう。

　表2-3を見ると，都道府県議会議員では，議員専業という人が比較的多いものの，市区議会議員などでは，商売をやっていたり，会社役員，あるいはサービス業に従事していたりする人が多く，町村議会議員では農業従事者が多いことがわかる。

　ここから議員の報酬についての議論が起こることになる。月額の議員報酬は，市で40万円程度，町村で20万円台前半というのが平均であるが（表2-4），人口規模が大きくなるほど報酬の平均は高くなり，人口50万人以上の市では，75万円程度の報酬を得ている。この月額報酬以外に，期末手当が支給されるため，比較的大きな市の市議会議員は年収が1300万円以上，そのほかに，費用弁償（議会へ出席するたびに，1万円とか定額が支給される。最近は縮小・廃止の傾向がある）や，政務調査費がついてくる。

　議員報酬は，そもそも，年50日から100日程度の議会活動に対する対価なのか，それとも日常的な地元活動も含めた生活給的なも

表 2-4　地方議員の報酬

	一般議員		議長	副議長
	月額報酬(円)	定数(人)	月額報酬(円)	月額報酬(円)
都道府県	795,713	2,695	958,634	861,294
政令指定都市	824,222	1,118	1,004,889	902,528
市	405,228	18,441	492,434	435,112
町村	210,797	11,415	287,058	232,131
特別区	609,883	877	922,052	789,248

［出所］　総務省『平成 21 年 地方公務員給与の実態』2010 年，411-412 頁。

のなのかが，この問題を考える際のポイントとなってくる。市の規模が大きくなるほど議員が専門職化し，報酬も生活給的になると考えるべきなのか，そのような考え方は住民感情にそぐわないと考えるべきなのか，意見が分かれるところである。議員報酬削減を公約に掲げた地域政党も生まれてきている。

この問題については，地方議会の議員を，専業職ととらえるか，名誉職ととらえるかによって，解答が大きく変わってくる。

日本の場合，戦前は，地方議員は名誉職的な位置づけがなされており，報酬は支払われていなかった。しかし第二次世界大戦後，1946（昭和 21）年の第一次地方制度改革にともなう市制および町村制の全面改正によって，名誉職員に関する制度が廃止された。改正後の府県制，市制および町村制においては，従前の名誉職員を報酬・費用弁償の支給対象職員として限定列挙し，これ以外の職員を給料等の支給対象職員としていた。1947 年に制定された地方自治法にもこの考え方が引き継がれ，現在にいたっている。

だが，議員を名誉職的に位置づけているのは，世界的に見ればむしろ多数派である。例えば，フランスのコミューン議会，イギリス，

スイスやドイツの地方議会においてもまた，名誉職的な位置づけがされており，費用弁償的なものを除いては給与が支給される例はめずらしい。これらの国々では，自らのまちを自らが治めるという住民自治の思想が根づいているからこそ，それでも議員志望者がいるということであろう。

現行の報酬を維持すべきと主張する人々は，日本の地方議員の報酬を下げたり，無給にしたりすれば，本業をほかにもつ人以外は議員になれないことになると指摘する。しかし，諸外国では，サラリーマンや教員といった本業をもった人が地方議員になり，議会も，夜間か土日に開催するというスタイルをとっていることが多い。あくまで，ボランティアで住民自治のために議員活動を行っているという思想がその根底にある。

議員報酬のあり方を考えることは，ひいては，議会のあり方，その開催方法など，さまざまな論点に波及していくことになる。

地方議員の数

議員定数については，明治期の規定がほぼそのままのかたちで残っている。幾度かの改正は経ているものの，現在の地方自治法の規定では，表2-5のように定められている。

多くの自治体では行政改革の観点から，表2-5の上限定数よりも少ない定員を定めているが，それでも，「まだ多い」という声が後を絶たない。これは，先に見たように，諸外国と異なって，議員にかなりの程度の報酬が支払われていることからくる市民の感情でもある。諸外国の場合は，「議員数は多いが議員報酬はほとんど支払われない」（ヨーロッパに多い）か，「議員数をかなり絞って議員報酬を支払う」（アメリカの自治体など）というかたちでバランスをとっていることが多い。日本の場合は，議員数はある程度多くしかも議

Column ② 栗山町議会基本条例・議会活性化

2006（平成18）年5月，北海道栗山町議会は，全国初となる議会基本条例を全会一致で可決，即日施行した。栗山町議会では，2000年の地方分権一括法施行後，「行動する議会」「開かれた議会」へと，議会の活性化に取り組んできた。その一環として，この基本条例を可決したのである。

条例の中身は多岐にわたる。「一般会議」という，住民の求めに応じて開催する，住民―議会，住民―行政の対話を盛り込んだことなどが既存の議会の発想からは大きく跳躍しているところであろう。これまでの議会活動が，執行部と議会との間の質疑にとどまっているのに対して，一般会議はこれまでの議会の枠を超えて，協働のまちづくりを進める起爆剤になりうるものである。

また，町長らの反問権を規定している。町長や町の職員が，議長の許可を得て議員の質問に対して，論点・争点を明確にするため，反問することができるものである。議会が討論の広場であるためには，双方が質問できて当たり前という考えから，執行部側に反問権を与えている。政策過程の説明責任を町長側に課したからには，反問権を与えなければ公平とはいえないという考えに基づく。反問されることにより筋書きのない展開が生まれ，議員も質問事項を十分精査したうえで政策論争に臨まなければならなくなるのである。

員報酬が支払われるという，諸外国から見るとやや変則的なかたちとなっているといえるだろう。このことが，行政改革の観点からの，議員報酬の引き下げや議員定数の削減の議論を刺激していることになる。

地方議会改革

かつては，首長が住民参加の方策を講じようとすると，「議会権限を侵す」と反対をする議会も存在した。現在ではそのような声は

町民に，より議会を知ってもらうために，駅前をはじめ庁内の主要箇所に議会中継のモニターを設置し，生中継をしている。さらに，一般質問項目について，町中のいたる所に，質問者・質問事項などを模造紙大の紙に印刷して掲示している。筆者が宿泊した温泉宿泊施設の男性浴場の出口の扉にも，目立つように貼ってあるのには驚いた。

議会基本条例の主な内容
　①議会中継の開始（生中継および録画再生方式）。
　②議会が先導して情報公開条例を制定。
　③一般質問項目の掲示（ホテルのロビーやコンビニエンスストア，商店街など，町内の人目につく場所に掲示する）。
　④議会報告会の実施（議員が直接地域に出向き，町民に対し報告・説明し，意見等を聴く）。
　⑤一般会議の実施（住民の求めに応じて開催する，住民―議会，住民―行政の対話）。
　⑥町長等の反問権（議長・委員長の許可を得て理事者側に反問権を与える）。
　⑦自由討議による合意形成（委員会のみならず本会議においても）。

影を潜めたものの，一般に地方議員は，住民参加に対して忌避(きひ)傾向にある。自分たち自身が，住民の代表として議会を構成している以上，その抜け道のように感じるということもあるだろう。
　だが，議会はもともと民意に基礎を置く代表機関であり，議会審議のプロセスに住民の参加を求めることによって，自分たちの意思決定の政治的基礎を確かなものにするというのが代表機関本来のあり方ともいいうる。
　議会の審議の際に，住民が参加するプロセスは日本ではほとんど

表 2-5　市町村議会の議員定数（地方自治法 91 条）

人口規模	議員定数（人）	人口規模	議員定数（人）
2 千人未満の町村	12	10 万人以上 20 万人未満の市	34
2 千人以上 5 千人未満の町村	14	20 万人以上 30 万人未満の市	38
5 千人以上 1 万人未満の町村	18	30 万人以上 50 万人未満の市	46
1 万人以上 2 万人未満の町村	22	50 万人以上 90 万人未満の市	56
5 万人未満の市，2 万人以上の町村	26	人口 90 万人以上の市	人口 50 万を超える数が 40 万を増すごとに 8 人を 56 人に加えた数（ただし 96 人が最大限度）
5 万人以上 10 万人未満の市	30		

［出所］　筆者作成。

見られない。逆に，議会傍聴に関しては，改正前の地方自治法が，議長の権限として，「傍聴人の取締り」と書いていたことに典型的に見られるように，ベースにある思想として，スムーズな議事運営にとっては，傍聴は「迷惑な存在」として感じられているように考えられる。本会議の傍聴は認められているが，委員会の傍聴を認めている自治体がきわめて少ないことも，この根本思想を裏づけるものである。

諸外国の地方議会では，議会にかかる事案について公聴会（パブリック・ヒアリング）にかけるところも多いが，日本はそうではない。制度的に首長中心主義の執行権優位のもとで，首長が情報公開と住民参加を進めれば進めるほど，議会の存在意義が薄れてしまうと考

えられている。ただ、この点については、一歩踏み出して改革を進め、住民との接点を多くしようと努力する議会も出てきている。

住民と議会の接点を多くするための改革としては、議会報告会を開催するというものや、委員会への傍聴を認めたり、ケーブルテレビで本会議や委員会の模様を中継したりするということも考えられるだろう。また、行政改革の観点からの改革として、議員定数の削減や、議員報酬の削減に取り組み始めた議会も多い。

いずれにしろ、地方分権の波と、住民意識の高揚を受けて、さらには、自治体改革が次々に進められているのを見て、議会も従来のままではだめだと意識し始めているといえるだろう。

北海道栗山町の取り組みは全国の地方議会に衝撃を与えた（*Column* ②参照）。その後、県レベルの議会を含む全国の地方議会で、議会基本条例を可決する動きが続いている。地方議会も変革の時代を迎えているといえる。

首長と議会の対立を解消する制度

自治体の首長と議会は、相互に独立し対等の立場なので、両者の意見が対立する場合もある。そこで、両者間の調整を図るものとして、再議、不信任決議と解散、専決処分の3つの制度が設けられている（地方自治法176〜180条）。

①**再議**　議会の議決や選挙について、首長がこれを拒否し、その理由を明示して再度議会に審議を求める手続き。首長の拒否権とも呼ばれる。

②**不信任決議と解散**　議会は首長の不信任決議をすることができ（議員数の3分の2以上が出席し、その4分の3以上の者の同意が必要）、首長にはその対抗手段として議会の解散権が認められている（不信任議決の通知を受けた日から10日以内）。10日以内に解散しない場合

は，期間経過日を待って，首長は失職する。議会を開催した場合に，解散後初の議会において再び不信任議決（3分の2以上が出席し，その過半数の同意）があった場合は，首長は失職する。

③**専決処分**　議会が議決・決定すべき事項について，一定の場合には首長が議会に代わってその権限を行使すること。次の2種類がある。(1)議会の委任による専決処分。これは軽易な事項について専決処分をするもので問題が発生することは少ない。(2)議会が成立しないときや緊急の必要があるときなどの場合に，首長は専決処分を行うことができる。この場合は次の議会に報告し，承認を求める必要がある（承認が得られない場合でも効力に影響はないが，首長の政治的責任が問われる）。2010年に鹿児島県阿久根市の竹原信一市長（当時）が，議会を召集せず，次々と専決処分を行ったことは大きな事件として取り上げられた。

◆**引用・参考文献**◆

　自治体議会改革フォーラム編『変えなきゃ！議会——「討論の広場」へのアプローチ』生活社，2007年

　全国市議会議長会『地方議会議員ハンドブック』ぎょうせい，2007年

　第2次地方（町村）議会活性化研究会『分権時代に対応した新たな町村議会の活性化方策——あるべき議会像を求めて』全国町村議会議長会，2006年

　都道府県議会制度研究会「自治体議会議員の新たな位置付け——都道府県議会制度研究会最終報告」全国都道府県議会議長会，2007年

　橋場利勝・神原勝『栗山町発・議会基本条例』公人の友社，2006年

　比較地方自治研究会編『欧米における地方議会の制度と運用』自治体国際化協会，2005年

中央と地方の関係，諸外国の地方自治 第3章

1 P県知事と国とのバトル——ぼったくりバー

P県知事の鷲本は叫んだ——「まるで，ぼったくりバーの請求書だ！」

＊　＊　＊

国と地方との関係は微妙である。1990年代の（地方）分権改革の議論で「上下主従の関係から対等の関係へ」と叫ばれたように，分権は，従来の「上下主従」の関係を変えようとするものだという一

般の認識がある。

　上下主従というのは，ただならぬ言葉である。地方自治を勉強しているのに，国との関係では地方は「下」であり「従」であるというのは，聞いただけでも勉強の意欲をなくしてしまう。「地方は国の奴隷状態」とまで表現する人もいるので，やる気はますますそがれてしまう。

　この関係を如実に示すものとして，国の直轄事業の問題がある。少し難解な用語であるが，要は，国，例えば国土交通省が，自分たちの仕事として直接自分たちの費用で行うべき道路やダムの建設などの事業を指す。だが，国はこれを国の予算だけで賄っているのではない。自治体にも相応の負担を求めてくるのである。これが直轄事業の地方負担と呼ばれるものである。もちろんどのような道路やダムをどのような規格でどのような資材を用いて建設するのかの決定権はすべて国の方にある。費用の一部を「負担しろ」と，地方に要求してくるのである。しかもその請求書たるや，何十億円もの請求書が，わずか1枚（というか1行）で済んでしまってきたのである。

　P県でもこの慣行はずっと続いてきた。しかし，新しく知事に就任し，この請求書を見た鷲本知事は，「まるで，ぼったくりバーの請求書だ」と下品かつきわめて的確な例えをもって批判をした。しかも，その支払いを拒否したため，官僚組織がひっくり返る大騒動になった。

　くわしく見てみよう。P県内で，300億円をかける道路建設に関する「国（国土交通省）の直轄事業」があるとする。自治体の負担金は3分の1と「定められて」おり，100億円となる。その請求の内訳を何も示さずに，国からP県に「100億円支払え」とだけ書かれた請求書がいきなり届くのである。100億円の使途はまるでわか

らない。資材に使うのか，測量に使うのか，用地買収に使うのか，まったくわからない。そのため，国からの要求額が適切なのかどうかも判断できない。

「ぼったくりバー」とは，東京や大阪の繁華街に数多く存在した半暴力的なバーである。店外に料金表示を行わないか，または意図的に誤解を招くよう表示する場合が多く，会計時に法外な料金が請求される。飲食費以外に法外なサービス料を請求する場合もある。要は，「明細なき不明朗会計」を請求するバーである。30分間，ビール2杯飲んだだけなのに20万円請求された，などという例が山ほどある。

国の直轄事業負担金の請求書は，明細なき不明朗会計である点で，「ぼったくりバー」の請求書に類似している。歴代の各都道府県知事は，「ひどいな」と思いながらも，国からのしっぺ返し（別の事業の補助金をもらえなくなったりする可能性）を恐れて誰も公然と表だって批判しなかった。そのタブーを鷲本知事は破ったのである。

その後の会計検査院の調査結果などから使途をたどると，負担金全額が道路建設に回されたのではないことが判明した。国土交通省地方整備局の施設の移転費用や，職員（国家公務員）の給与や退職金，宿舎建設費などにも化けていた。P県が注文もしていない品に，明細書なしでお金が支払われていたことになる。国は地方から「ぼったくっていた」のである。

これを知った鷲本知事は，記者会見で，「国はまるで詐欺集団だ」と指弾した。与党政治家たちの間にも，人気の高い鷲本知事の意見に同調する者が多くいて，政対官，国対地方の対立構図が見事に描かれた。そして，この問題はその後，重要な政治的争点となり，直轄事業の負担金廃止の問題が真剣に議論されることになった。

各県内で行われる大型工事事業は，①「国の直轄事業」と②

表 3-1 ある県に対する国土交通省からの直轄道路負担金の請求書の変化の実例

平成 20 年度 直轄道路負担金

(単位:千円)

	負担基本額	地方負担額
地域連携推進改築	9,966,000	3,322,000
維持修繕	2,813,960	1,266,282
中略		
合計	20,944,960	7,583,749

平成 21 年度 直轄道路負担金

(単位:千円)

事業種別	路線	工事関係						業務取扱費	負担基本額	地方負担額
		工事費	測量設計費	用地費および補償費	船舶および機械器具費	附帯工事費	事業車両費	小計			

事業種別	路線	工事費	測量設計費	用地費および補償費	船舶および機械器具費	附帯工事費	事業車両費	小計	業務取扱費	負担基本額	地方負担額
地域連携推進改築											
	国道1号	1,745,000	24,772	0	0	0	128	1,769,900	116,320	1,886,220	628,740
	国道161号	4,650,000	151,462	0	0	0	79	4,801,541	315,564	5,117,105	1,705,702
	中略										
	小計	8,022,000	359,088	195,000	0	0	353	8,576,441	563,655	9,140,096	3,046,698
中略											
合計		12,912,574	1,402,660	1,497,800	168,943	0	63,888	16,045,865	1,064,548	17,110,413	6,095,914

[注] 業務取扱費の内訳:人件費(職員基本給,職員諸手当,超過勤務手当,常勤職員給与,……),事務費(諸謝金,職員旅費,庁費,……)が明記されている。

[解説] 平成 20 年度は,鷲本知事がいうように,まさに,「75 億円支払え」というだけのものだったが,翌年度には,どの道路にどのような支出をする予定なのかについての明細がつくようになった(筆者)。

[出所] S県の資料をもとに筆者作成。

「国が補助する県の事業」に大別される。①「国の直轄事業」は国土交通省が事業を決定し、費用の3分の2を負担する。県は残りの3分の1を負担するとともに、事業が完成した後の維持費の2分の1を負担しなければならない。他方、②「国が補助する県の事業」は、県が事業主体であり、費用の2分の1以上を負担し、残りを、国の補助金で賄う。どのような事業を行うかは県が決定する（という建前である）。

 だが、①も②も、大型公共事業であることには違いがない。そのため、なんとか大型公共事業を進めようとする首長たちにとっては、①であれ②であれ関係なしに要求してきた場合が多いのも事実である。ここには、国と地方の思惑が入り組んでいる。国は地方の公共事業における権益、権力を確保したい。他方、自治体は明らかに無駄な直轄事業にも従いつつ、その代わりに地元の要望が強いものの自治体単独ではできないようなプロジェクトを国の直轄事業にしてほしいと、さまざまな根回しを行う。その駆け引きの中で、事業の精査が軽んじられていき、見えない無駄遣いが積み重なってきたと考えられる。

 鷲本知事のように国との関係においても、とにかく筋を通して無駄を徹底的に排除するということを貫く首長は、必ずしも多くはない。彼の場合は、圧倒的な住民の支持率を背景に強気に出られるが、多くの首長は選挙で再選されるためには、公共事業などをうまく国から引っ張ってくる必要があるからである。そこに、国と地方の微妙な関係が築かれてきたのである。

2 自治体の仕事と国の仕事，両者の関係

 第1章の表1-1で示したように、国と地方の間では、仕事の内容

におおまかな棲み分けがある。しかし，その境界は必ずしも明確ではない。これは，日本の地方自治制度が「融合型」と呼ばれるものであることに起因する。

都道府県レベルでいうと，本来都道府県が行わなければならない仕事（これを自治事務という）のほかに，本来国が果たすべき仕事なのに都道府県が代わりに行っている仕事（これを**法定受託事務**という）がある（これらについては第5章第2節113頁以下も参照のこと）。

法定受託事務の例として，パスポートの発給業務が挙げられる。パスポートは海外にいる日本国民を保護するよう相手国にお願いするためのもので，パスポートを見ると発行者は「日本国外務大臣」になっている。つまり，本来外務省の仕事であるが，パスポートの発行場所を東京の外務省本省1カ所だけにしてしまうと，地方の人が大変不便であるし，かといって，各都道府県ごとに外務省の出先機関であるパスポート事務所（例えば外務省P県出張所）をつくるのも効率的ではない。そこで，本来国の仕事ではあるが，都道府県が代わって仕事をしてあげているのである。

市町村の場合は，市町村の本来の仕事のほかに，都道府県の仕事を代わりに行う場合や，国の仕事を行う場合がある。例えば，各市町村には選挙管理委員会が置かれていて，市町村長の選挙や市町村議会議員の選挙の事務を取り扱う（これは，その市町村の本来の仕事なので，自治事務である）ほか，都道府県知事や都道府県議会議員の選挙の事務も取り扱うし（これは本来，都道府県の仕事であるが，市町村が代わりにやっている法定受託事務〈第2号法定受託事務という〉），衆議院議員選挙や参議院議員選挙といった国政選挙の事務も取り扱っている（これは本来，国の仕事であるが，市町村が代わりにやっている法定受託事務〈第1号法定受託事務という〉）。

つまり，市町村においては，もともと市町村の事務であるもの以

外に，都道府県や国の仕事をやっている場合も多いのである。都道府県や国のレベルの仕事が，市町村の仕事と融合して行われているのである。住民にとっては市町村役場で多くの用事が済むので便利であるが，他方，その仕事が，本来，どのレベル（国か都道府県か市町村自体か）の仕事なのかはわかりにくい。

同様のことは都道府県においても同じで，ここでも本来の事務である自治事務と法定受託事務（第1号法定受託事務）とが融合している。実際，事務を行っている職員も，自分の仕事が自治事務か法定受託事務かを意識している場合は少ない。

地方分権一括法施行（2000年）以前は，国の仕事を都道府県で行う（正確には機関である知事に委任される）機関委任事務が，都道府県の仕事の7割を占めていたといわれる。一括法が施行され，機関委任事務が廃止されて分権の趣旨に沿って見直しがなされ，法定受託事務として再構成される中で，一部は自治事務に，一部は国が自ら行うことになった。現在では，法定受託事務の割合は都道府県の仕事の3割ぐらいだといわれている。

法定受託事務の場合，国の仕事をやってあげているのに，いろいろと面倒な注文が出されたり，国の役人に偉そうにいわれたりすることが多い。

法律的にいえば次のようになる。法定受託事務は，本来国の仕事だが，自治体が代わりにやっているものである。特別に自治体に事務をやってもらうものであるから，法令に基づく必要がある（地方自治法2条9項）。自治体の側ではそれを適正に執行する必要があるが，自治体の行う事務が違法又は著しく適性を欠く場合には，担当大臣は是正の指示をすることができる（同法245条の7）。例えば，Z県が，戸籍抄本などの必要書類を要求せずにパスポートを発行している場合には，外務大臣はその是正の指示を行うことになる。そ

れでもZ県が指示に従わない場合には、高等裁判所の判決を得たうえで、国が自ら必要な措置を行う（代執行）とされている。自治体にとっては、なんとも厄介な事務である。地方分権一括法施行前に存在した機関委任事務はもっと厄介な事務で、議会の審議の対象にすらならなかった。

　なお、自治事務である仕事についても、国がいろいろ口出しをする場合がある。典型例が補助金を国からもらう場合である。例えば、自治事務である県道を建設する際に、国から建設費用の一部を補助金としてもらう場合を考えてみよう。県から国への申請書は膨大な枚数にのぼる。そして、細かい規格の一つ一つが国の決めた基準に合致していなければならない。県の担当者の事務作業は膨大な量になる。すべての申請書が形式的にも実質的にも整ったら、ようやく補助金の支出の決定となる。それまでの間、県の担当者（場合によっては課長などの役職者も）は、何度も国土交通省の役人に頭を下げに行かなければならない。

　本章第1節にあった、国の直轄事業負担金の話はもっとひどい話である。本来、国の仕事であり、自治体の仕事ではない。自治事務でも法定受託事務でもないのに、たった1枚の請求書で「費用を負担せよ」と命令されてきたのである。

　このように見てくると、すべての仕事において、地方は国のいいなりになっているように見える。地方自治の専門家からは、「日本は中央集権が徹底しており、中央による地方支配の国である。もっと分権が必要だ」という議論が展開されてきた。集権か分権かという対立軸で考えた場合、集権が徹底した日本の自治体は国に支配されたかわいそうな存在であり、これからは自治体のために分権をしてあげなければならない、という発想（上から目線）がそこにはある。

だが,この考え方に対しては,集権—分権という軸以外に,分離—融合という軸も合わせて考える必要があるという議論が提出され,その後,日本の自治制度を考える際のスタンダードとなった。次節で見てみよう。

3 集権—分権と分離—融合

 政治学者の天川 晃が最初に提示し,その後,日本の地方自治を考える際のスタンダードとなった,いわゆる「天川モデル」では,中央地方関係を2つの軸で分類している(図3-1)。

 まず,第1の軸(横軸)は,中央政府との関係で見た自治体の意思決定の自律性を問題とし,これを集権—分権という軸で考える。左の極の**集権**というのは,地方に関する意思の決定をもっぱら中央政府が行い,自治体とその住民に許容する自主的決定の範囲を狭く限定しようとすることを意味する。逆に,自治体とその住民の自主的決定の範囲の拡大を**分権**と考え,図では右の極になる。

 地方には独自の個性と固有の利害がありそれに関する決定は中央政府には任しえないという考えは分権志向に結び付く。他方で,国民全体の福祉の向上あるいは均等化のためには,画一的な決定が必要であるという考えは,集権志向に結び付く。

 第2の軸(縦軸)は,中央政府と自治体の行政機能の関係を問題とし,これを分離—融合という軸で考える。自治体の区域内の中央政府の機能をどこが担うのかということがここでの問題となる。下の極の**分離**の考えは,自治体の区域内のことであっても,中央政府の機能は中央政府の出先機関が独自に分担するというものである。これに対し,上の極の**融合**とは,地域における行政サービスを(中央政府の機能も含めて)自治体が総合的に担う一方,中央政府が事務

図 3-1 天川モデル

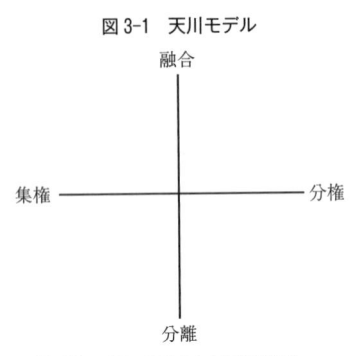

```
           融合
            │
            │
            │
集権 ────────┼──────── 分権
            │
            │
            │
           分離
```

[出所] 天川, 1983 をもとに筆者作成。

の執行に対して広範に関与するしくみになっている状態を指す。

　この図で考えると，まず，日本は明治憲法期でも日本国憲法制定後でも，さらに 20 世紀末の分権改革後でも，基本的には〈**融合型**〉の地方行政システムが続いているということができる。市町村役場が市町村役場固有の仕事だけではなく，その地域内の府県や国の仕事も行っている。私たちの日常感覚では，市町村役場に行けば政府関係の仕事のほとんどは片がつくと考えており，役場でしている仕事が国の仕事か自治体の仕事かなどを区別して考えてはいない。自治体は本来の帰属がどこの仕事であるかは別として，いろいろな仕事をするところになっているといってよい。しかし，諸外国を見た場合には，必ずしもそのようにはなっていない。あとで見る英米型の国では**分離**が原則となっている。

　いずれにせよ，この図からは，国と地方の関係を考える場合，自治体の意思決定の自律性の問題と，行政機能の分担の問題という 2 つの側面から議論をする必要のあることがわかるだろう。21 世紀の今でも，第 2 節で見たような法定受託事務があるために，あたかも自治体が国の出先機関のように扱われているように見え，もっと

分権をすべき，という議論がなされることがある。しかしこれは，2つの軸を混同している。日本は融合型で仕事を進めているために，自治体は国の仕事も任されているが，自治体が行う仕事についての自律性は，戦前と戦後では相当異なり，地方分権一括法施行後はさらに，分権の方向へ進んでいる。横軸では確実に，左から右へ進んでいる。

縦軸でも，戦前は融合が徹底していた（県は内務省の出先機関だったし，知事は内務官僚が人事異動で就任していた）が，それが，戦後は分離の方向へ少し動いたと見ることができるだろう。ただし，諸外国に比べて融合型であるという点は変わらない。

以上は，自治体の側から見たものだが，国の側からみると，日本では国の仕事は，国が自ら行う場合と，自治体に法定受託事務として行ってもらっている場合とに分かれる。

諸外国を比較した場合は，日本のように自治体に国の仕事の一部を行ってもらっている場合と，自治体と国の仕事とが完全に分離している場合とがある。前者を大陸型，後者を英米型と呼んでいる。次節ではこの点について見てみよう。

4 中央地方関係の国際比較——英米型と大陸型

地方自治のあり方は，国により時代によりきわめて多様である。軍事独裁政権のもとで，そもそも地方自治らしきものが存在しない国もあれば，地方政府にかなりの程度の権限を与えている国もある。自治体の担っている機能の範囲もさまざまである。

先進民主主義国家の地方自治制度を分類する場合，アングロ・サクソン型（英米型）とヨーロッパ大陸型（大陸型）の2つに大別されることが比較的多い。英米型は，イギリスに始まり，その後，英連

邦諸国，アメリカなどに普及していった制度である。これに対し，大陸型は，フランスに始まり，イタリア，スペイン，ポルトガルなどの南欧や，その植民地であったラテンアメリカに普及し，また，ドイツ，オーストリア，北欧諸国へと普及していった制度である。それぞれの特徴を見てみよう。

英米型の地方自治制度

図3-2は，英米型の地方自治制度のイメージを模式化したものである。英米型の国では，自治体は憲法上の地位を（少なくとも国家のレベルにおいては）有していない。自治体の事務権限は，法律によって個別に列挙されて授権される。つまり，制限列挙方式をとっており，法律によって授権された権限のみ，自治体は行使することができる。その範囲を超える行為を行うと，国から訴訟を起こされ，裁判所で違法と判断が下されると，当該行為は無効となる。これは，**ウルトラ・バイレースの法理**（権限踰越の法理）と呼ばれる。

自治体は，国（連邦制国家〈国家に近い強い権限を保有する自治政府が集合して形成する国家〉では州）の法律による創造物であり，自治体の機能的範囲は限定的にならざるをえない。広域的自治体に授権される権限と，基礎的自治体に授権される権限が重複することはなく，それぞれの自治体が，個別に授権された権限を行使することになる。わかりやすくいえば，法律の中で，県レベルではA，B，Cの業務を行う，市レベルではD，E，Fの仕事を行う，といったように，個別に業務の内容が限定的に列挙されているのである。

自治体が授権される権限は，あまり広範囲に及ばないのが一般的である。ただ，授権された権限に関しては，国から広域的自治体や基礎的自治体に対して（あるいは，広域的自治体から基礎的自治体に対して）監督的機能を行使することはない。また国それ自身の地域的

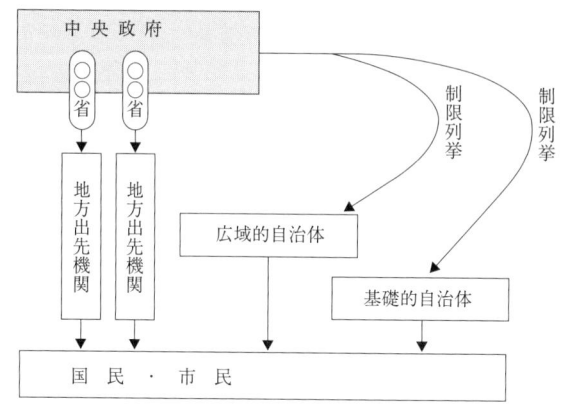

図 3-2 英米型の地方自治制度のイメージ

```
┌─────────────────────────┐
│      中 央 政 府         │
│  ┌──┐ ┌──┐              │
│  │○○│ │○○│              │
│  │省 │ │省 │             │
│  └─┬┘ └─┬┘              │
└────┼────┼────────┬──────┬──┐
     │    │        │制     │制
     ▼    ▼        │限     │限
  ┌──┐ ┌──┐       │列     │列
  │地│ │地│       │挙     │挙
  │方│ │方│       │       │
  │出│ │出│   ┌────────┐  │
  │先│ │先│   │広域的自治体│ │
  │機│ │機│   └────┬───┘  │
  │関│ │関│        │    ┌──▼──────┐
  └┬─┘ └┬─┘        │    │基礎的自治体│
   │    │          │    └────┬────┘
   ▼    ▼          ▼         ▼
  ┌─────────────────────────┐
  │     国 民 ・ 市 民        │
  └─────────────────────────┘
```

［出所］　筆者作成。

なサービスが系統的に自治体に織り込まれているわけでもない。むしろ，国（や州）は，自治体から隔離される傾向にある。それゆえ，授権された日常業務に関する限り，自治体は国から相当程度の自律性を享受していることになる。この側面を見て，日本の地方自治論者は古くから「イギリスは地方自治の母国であり，日本もそれを見習うべきだ」と論じることが多かった。だが，そもそも法律で個別に授権された業務しか行うことができない，つまり，国会が絶対的に優越しており，自治体はその創造物である点を見ると，見習うべきなのかどうか疑問をもつ人もいる。実際，イギリスの場合，国の法律で大ロンドン都を造り，それをつぶし，また別のかたちの大ロンドン市を造るといったことを行っている。日本でいえば，東京都をつぶしたりつくったりすることを国会議員が勝手に決めてしまうようなイメージである。はたしてそこに「地方自治の母国」と崇拝すべき姿があるのだろうか。

　英米型の場合は，国には内政の総括官庁たる内務省が存在しない

4　中央地方関係の国際比較　　65

ので，広域的自治体を総合出先機関として使うこともない。いわゆる融合型ではない。そのため，国が各地でその事務を実施する場合は，各省ごとに地方出先機関を設置して，そこを通じて行政サービスを提供することになる。同一地域内に，基礎的自治体，広域的自治体の地方事務所，国の各省の出先機関が相互に無関係に併存することになる（天川モデルでいうところの分離型）。

大陸型の地方自治制度

図3-3は，大陸型の自治制度のイメージを模式化したものである。フランスやプロイセンなど大陸諸国では，国民国家への統一過程において根強い抵抗を示す封建諸勢力を徹底的に解体する必要があった。地方の下部機構も，旧勢力の境界を無視するかたちで，人為的に設定され，中央政府から国王の代官が派遣された。これらの統一過程の特殊性から，近代に至るまで県のレベルは**国の下部機構**と位置づけられることが多く，自治体と呼べるのは基礎的自治体（市町村レベル）のみであった。

他方で，基礎的自治体の事務権限は，包括的に授権される（概括例示主義）。各層の自治体の事務が区別できず，重複・競合する場合もある。また，大陸型の国の中央政府には内政の総括官庁たる内務省が存在し，各省の事務は内務省に一元的に集約されて，地方総合出先機関である都道府県を通じて実施される。

第二次世界大戦前の日本がそうであったように，都道府県の知事は官選（公選に対置される概念）であり，内務省の官僚が派遣されている。したがって，国の各省の事務は，内務省，官選知事というルートを通って，総合出先機関である都道府県が担当することになる。さらに，大陸型では，一般に自治体は地域の総合行政主体と位置づけられており，国（や州）は，その事務を自治体（またはその長）に

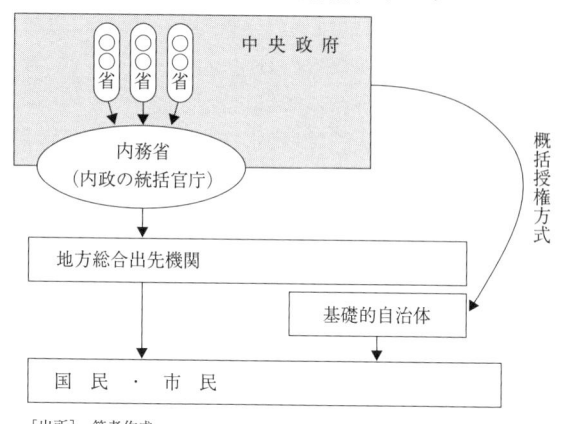

図3-3 大陸型の地方自治制度のイメージ

```
┌─────────────────────────────────┐
│  ┌─┐┌─┐┌─┐      中 央 政 府      │
│  │省││省││省│                   │
│  └─┘└─┘└─┘                     │
│       ↓                          │
│  ╭──────────╮                   │
│  │  内務省   │                   │
│  │(内政の統括官庁)│               │
│  ╰──────────╯                   │
└────┬────────────────────────────┘
     │                              概
     ↓                              括
┌──────────────────┐                授
│  地方総合出先機関  │               権
└────┬─────────────┘               方
     │       ┌──────────┐          式
     │       │ 基礎的自治体│←─────
     │       └────┬─────┘
     ↓            ↓
┌──────────────────────────┐
│     国 民 ・ 市 民         │
└──────────────────────────┘
```

[出所] 筆者作成。

委任して執行する方式が用いられる。各層の事務は，融合されたかたちで，国民・市民に提供される（融合型）。自治体は幅広い行政サービスの担い手となっているものの，事務執行に際して，国や上級官庁の統制を受けやすいしくみである。

諸外国の比較から見た日本の地方自治

日本の第二次世界大戦前の地方制度は大陸型の典型であった。内政の総括官庁たる内務省は，戦後の自治省，警察庁，建設省，厚生省，労働省の機能を受け持つ強大な省庁であったが，内務省本省のみでなく，その出先機関たる道府県を通じて幅広い業務をこなしていた。当時の県庁のトップである県知事は内務官僚が任命されており，民意を反映するものではなかった。

戦後の日本国憲法は，自治体の長の公選制を定めた。都道府県知事が選挙で選ばれるという根本的な転換があったのだが，仕事の進め方はすぐに大きくは変わらない状態が続いたといわれる。例えば，

4 中央地方関係の国際比較

Column ③ 村松モデル

中央と地方の関係を考えるとき，行政学者の村松岐夫の提起したモデルを想起することは有益である。彼は，行政ルートを中心に考える従来の中央地方関係論を「垂直的行政統制モデル」と呼び，それは「水平的政治競争モデル」が生み出す政治過程の要素で補充しなければならないと主張する（村松，1988，21頁）。

垂直的行政統制モデルは，日本の中央地方関係が，中央省庁のイニシアティブで動いていること，中央が地方を統制する手段として機関委任事務，補助金，天下り人事があることを主張し，これらがすべて集権体制を強化するように働いていると述べた（同，37頁）。この議論は，戦前の要素の戦後への持ち越しを強調する，戦前戦後連続論とつながっており，機関委任事務の形式が戦後も残されたことや逆コースの時代の諸立法をもって日本の地方自治の特徴と考えてきたと指摘する。

これに対して，戦後政治社会が基本的枠組みとして民主主義を採用したことを強調する戦前戦後断絶論の立場からは，知事の公選化，地方議会が地方の重要政策の最終決定者になったこと，中央政府において官僚よりも自民党政治家（特に族議員）が力を持ち始め，地方は地元選出代議士を通して政治ルートで圧力活動を展開することが可能になったことを重要視する。そして，下から湧き上がる圧力活動と競争が中央地方関係を規定していく面が，拡大していることを指摘する。圧力活動，政治ルートへの働きかけにおいて地方の間に競争がある点を重視して「水平的」と称し，競争の過程が選挙に基礎を置いていることから「政治的」と呼ぶ。**水平的政治競争モデル**である。

彼は地方の自治戦略の成功は，地方がもつ政治的資源の大きさとその

機関委任事務を通じて国の各省庁が都道府県を自省庁の出先機関のように扱うことが当たり前のように行われてきた。また，戦前の道府県の幹部職員は内務官僚であったが，戦後，憲法構造が変わったにもかかわらず，幹部職員の多くが旧内務省系統の省庁（自治庁・

利用の巧みさにかかっているという（同，75 頁）。従来のモデルでは，法的権限・手続きだけを政治的資源ないしルールと考え，地方に活動の余地が少ないことを指摘して，地方自治を推進する立場から日本の法的な集権構造が批判されてきた。しかし別の種類の政治的資源やルールが権力の基礎にあることを明確に意識するならば，地方に豊かな政治的資源があるという。そしてそれが，どのように利用されているかが問題であると指摘する。補助金や天下りを地方の側から利用する政治的資源と考えれば，集権構造を批判する従来の見解は臥龍点睛(がりょうてんせい)を欠くことになる。天下りを中央が地方を支配する手段ととらえるのではなく，むしろ公選知事が天下り官僚を使って中央に働きかけることを重視するならば，地方が有する政治的資源ととらえることができる（稲継，2000，108 頁）。

村松の基本認識として，中央と地方の関係が緊密化し，両者が相互依存関係にあることがある。日本の中央地方関係は相互依存的であり，交渉過程の理解が鍵となり，交渉に臨む地方政府の戦略のかなりの部分が，他の地方政府との競争原理から説明できると主張する（村松，1988，182 頁）。

彼の理論モデルの提出は，日本の地方自治学者の間に大きな波紋を投げかけることになった。行政ルートのみで考え「虐(しいた)げられた気の毒な自治体」というイメージから，政治的資源を最大限動員して「ほかの自治体と競争すべく活動するしたたかな自治体」というイメージを構築し，1つのパラダイム転換を起こすきっかけとなった。

自治省，建設省，厚生省など）からの出向者（一時的に国家公務員の身分を離れて自治体に移籍する）で占められている状態は，国の天下り官僚による地方支配，と批判的に紹介されることが多かった。

機関委任事務，補助金，天下り人事の3点セットで，国は地方を

支配している，という議論が活発にかわされた時期もあった。(村松岐夫はこの議論を「垂直的行政統制モデル」と批判し，実態としてしたたかな自治体像を「水平的政治競争モデル」として論じた。*Column* ③参照)

5 中央地方関係小史

戦前から戦後の高度成長まで

ここで，日本における中央と地方の関係を簡単に振り返っておこう。

明治維新は，江戸時代の各藩の分権的な体制を，維新政府に集権し，中央集権体制のもとで富国強兵をめざした。第二次世界大戦後も，先進諸国に追いつき追い越せという掛け声のもとで，中央政府が意思決定を行い，それを地方に執行させる方式での政策決定・執行がなされてきた。政治行政システムは，所得の再分配と国土の均衡ある発展に資してきたのも事実である。しかし，日本国民の生活水準が一定程度を越えたあたりから，価値観の変化が起こるとともに，地方分権改革へと，世の中の流れは変化していくことになる。

戦後日本は，「先進諸国に追いつき追い越せ」というキャッチアップ・イデオロギーを共有するかたちで経済発展に努めてきた。戦後の行政需要の拡大の中で，全国的な行政水準の統一性・公平性確保の観点から導入された機関委任事務，補助金および地方交付税などの財政調整制度は，日本の国（中央）・地方関係の根幹をなし，所得の再分配と国土の均衡ある発展に大きな役割を果たしてきた。学界からは自治の観点からの問題点が指摘されてきたものの，実務においては定着し，全国的な統一性・公平性を図ることに貢献してきたと考えられる。

1960年代，70年代は，経済発展と，全国的な統一性・公平性が優先された時代であった。経済成長によって行政機能が膨張する中で，国と地方が権限と責任・経費をどう分担するのかという点が議論された。臨時行政調査会（いわゆる第1次臨調）の「行政事務の配分に関する改革意見」（1964年）は，地域性・総合性実現のため，当面，機関委任の方式をとることが最も適当であり，それを強化する方向で活用するとしていた。つまり，集権的要素を正統化していたことになる。

　国策としても，1962（昭和37）年の全国総合開発計画（全総）で，「拠点開発構想」による「都市の過大化の防止と地域格差の是正」がうたわれており，これは，1969年の新全総（「大規模プロジェクト構想」による「開発可能性の全国土への拡大均衡化」）へ引き継がれたが，その基調をなすのは，一貫して，「国土の均衡ある発展」あるいは「地域間格差の是正」であった。この考えは，集権の思想に結び付きやすい。

　しかし日本の高度経済成長の結果，国民の所得・生活水準が向上し，また，基本的な社会資本整備が達成されると，従来のような「行政水準の全国的な統一性・公平性」の議論が徐々に弱くなっていき，代わりに，個人・地域の個性や多様な価値観，自立と責任の観念が重視されるようになる。

第2次臨調以降の流れ

　政府の方針として，1960年代，70年代を貫く「統一性・公平性重視」の価値観に大きな転機をもたらしたのは，第2次臨時行政調査会（いわゆる土光臨調）の基本答申（1982年）であったと考えられる。答申は，標準的なサービスは全国統一・公平に提供されることが期待されるとしつつも，標準を超えた地域独自のサービスは住民

の選択と負担で行われるかぎり，地域間に「ある程度の格差があるのは当然」であるとし，市町村を重視した事務の再配分と機関委任事務，国の関与および必置規制などの整理合理化を提言している。

第2次臨調に引き続き設置された第1次臨時行政改革推進審議会（行革審）の「行政改革の推進方策に関する答申」(1985年) も機関委任事務の有効性を認めつつ，同時に責任の不明確化や画一化，総合性の阻害などの弊害を指摘して，廃止・縮小や団体事務化，市町村への移譲を行うことを提言している。

1980年代後半に入ると，地域の個性や多様な価値観を重視する傾向はさらに強まった。第2次行革審の「国と地方の関係等に関する答申」(1989年) は，明治以来，欧米先進諸国へのキャッチアップを目的として形成されてきた意思形成や資源配分のシステムを，個人・地域の参加による主体的な「選択と責任」に比重を置いたシステムに切り替えるべきであるとし，都市を重視した事務権限の移譲や国の関与の縮小を提言している。

この時期導入された「地域総合整備事業債」は，計画・事業実施とも地方独自の発想に委ね，国（自治省）が起債および交付税措置によってこれを支援するもので，全国のほとんどの市町村で利用されることとなった。建設省や農水省などでも，地域の特性や個性を生かした事業に次々に取り組んでいった。また，この時期，先に述べた諸提言などを反映した地方自治法の改正も次々と行われている。

その後，1990（平成2）年に第3次行革審が発足し，1992年には民間政治臨調が「地方分権に関する緊急提言」を出すなどの動きがあったが，現実の大きな変化は1993年に入ってからであった。この年の6月に衆参両院が相次いで「地方分権の推進に関する決議」を行い，「中央集権的行政のあり方を問い直し，地方分権のより一層の進展を望む声は大きな流れとなっている」とし，「地方分権を

積極的に推進するための法制定をはじめ，抜本的な施策を総力をあげて断行していくべきである」としたのである。

1993年以降の分権の流れ

　行革審内部で地方分権を強く主張していた元熊本県知事の細川護熙(ほそかわもりひろ)が日本新党を結党し，1993年8月，連立政権を成立させて総理大臣に就任したことにより，地方分権への注目が急速に高まることとなった。政権はやがて，自民党・社会党・新党さきがけの連立による村山富市(むらやまとみいち)内閣となるが，分権の流れはこの内閣にも引き継がれ，1994年12月には「地方分権推進のための大綱方針」が閣議決定され，1995年5月に地方分権推進法が制定された。この法律に基づいて，地方分権推進委員会が設置された。財界代表や有識者，自治体代表など7人の委員で構成された委員会が作業を開始したが，1996年3月に委員会は「中間報告──分権型社会の創造」で基本的な考え方を示した。委員会はこの中間報告の考え方を基本としつつ，政府各省庁のヒアリングを重ねて現実的に実行可能な分権改革方策を検討し，1996年12月に第1次勧告を出し，1997年10月の第4次勧告までを続けて提出した。

　これらの勧告を受けた政府は，1998年5月に第1次地方分権推進計画を，1999年3月に第2次地方分権推進計画をそれぞれ閣議決定し，具体的な法改正を含む分権改革に乗り出した。こうして1999年7月には地方自治法の改正を含む総計475本の関係法律を一括して改正する地方分権一括法が成立し，2000年4月から施行された。

　地方分権一括法の制定はたしかに大改革ではあるが，これによって委員会が掲げてきた「分権型社会の創造」ができたわけではなく，その第一歩を踏み出したにすぎない。「未完の分権改革」という認

識は，委員会の最終報告においてもとられている。そこでは，地方税財源の充実確保，地方分権や市町村合併の推進をふまえた新たな地方自治のしくみに関する検討などを，残された課題として挙げていた。

この認識が，2000年代に入ってからの地方分権改革，さらには地域主権改革へと引き継がれていくことになる。

このように歴史を振り返ってみると，天川モデルでいうところの集権─分権の軸の，集権から分権へという大きな流れがある。今後もそれが続くだろう。ただ，分離─融合の軸の，融合から分離へという流れは必ずしも見えない。機関委任事務が法定受託事務と内容が変わったにせよ，国の仕事を自治体が引き受けているという状態は変わらないのである。

近時の地域主権改革の議論では，国の地方出先機関を自治体に移管するという議論も出ている。これが，図3-1のどの軸への動きなのかを考えて議論することも有益だろう。

6 自治体の大きさの国際比較

日本の自治体が担当している行政サービスは，日本全体の行政サービスのうち，どの程度を占めるのか。それは，国際的な比較をすると，どのように位置づけられるのだろうか。この点について，もう少しくわしく見ておこう。

自治体の活動量

日本では昔から「3割自治」という用語を用いて，自治体の脆弱性を強調する見解が強かった。しかし，活動量から考えると，日本の自治体は，諸外国と比較してかなり大きい部類に入る。

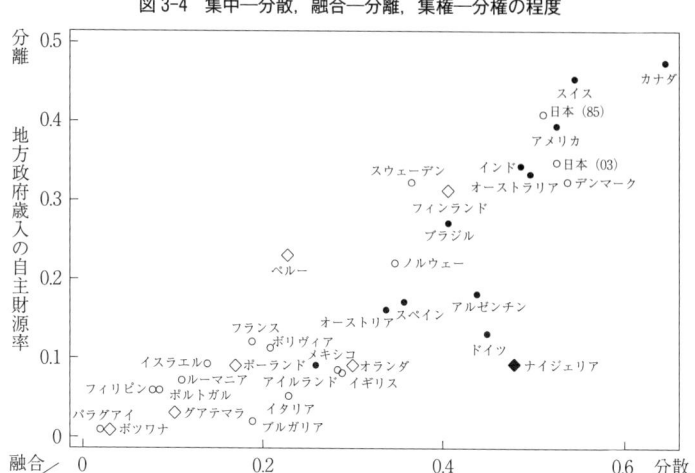

図 3-4 集中―分散，融合―分離，集権―分権の程度

縦軸：分離／地方政府歳入の自主財源率
横軸：融合／集中 ― 分散　地方政府歳出／全政府部門歳出

[出所] 建林・曽我・待鳥，2008，304 頁

　図 3-4 は，政府歳入歳出に占める下位政府の比率について，連邦制国家（●◆）も含めて検討している（単一主権国家は○◇）。丸印（○●）は直接公選による議会が首長を選出する場合も含めて双方が直接公選による場合，四角印（◇◆）は議会あるいは首長の少なくとも一方が中央政府からの任命制となっている場合を示している。連邦制の場合は州政府は地方と数えられている。これを見ると，地方政府の歳出が政府全体の歳出に占める割合は，日本の場合は，諸外国に比べてかなり大きいことが観察される。この諸外国の中にはカナダやアメリカといった連邦制国家も含まれているので，単一主権国家（○◇）としては，日本はかなり地方政府の歳出が大きい国ということができる。逆に，しばしば「地方自治の母国」として紹介されることの多いイギリスの場合は，地方政府の歳出が占める割合はかなり小さく，相当部分が中央政府によって支出されているこ

Column ④ 東日本大震災と自治体間連携のあり方

2011年3月11日に発生した東日本大震災（東北地方太平洋沖地震）は、町役場や市役所までもが津波で流されてしまい、地域コミュニティを根こそぎ破壊しつくした。これまでの市町村の地域防災計画では、自主防災組織を第一に考え、その補完措置として、近隣市町村同士の連携や、市町村と県との連携を強く打ち出してきた。しかし、東日本大震災においては、岩手県、宮城県、福島県の沿岸部が根こそぎ壊滅的な被害に遭い、近隣の市町村が共倒れになっている地域が多い。

このような状況下で、被災者の支援のために、全国各地の消防・警察や、自治体職員が数多く被災地域に派遣された。それぞれの地域での本来業務に支障が出ない範囲での派遣ということになり、自衛隊のように全部隊を投入するというわけにはいかないが、それでもかなりの数になる。例えば、遠く離れた福井県では、3月11日15時に開かれた第1回対策会議では福井県内の被災状況の把握が最優先されたが、16時30分から開かれた第2回対策会議では、災害派遣要請に備えて、消防、防災ヘリ、災害派遣医療チーム（DMAT）の出動体制の準備に入り、その日のうちに、県職員やDMAT、県警広域緊急救助隊など、多数を被災地域へ送り込んでいる。

関西の各府県は関西広域連合を2010年に結成しており、緊急にこの広域連合で、府県単位での派遣地域を割り振っている。京都府と滋賀県が福島県を、兵庫県・徳島県・鳥取県が宮城県を、大阪府と和歌山県が岩手県を、それぞれ担当することになった。例えば京都府からは、3月11日に緊急消防援助隊50隊200名、府警広域緊急援助隊150名、DMAT8チーム42名などが、福島県に向かった。

市町村レベルでも、災害時相互応援協定などに基づく活動が行われた。北海道伊達市から宮城県の被災地・山元町への人的派遣、東京都杉並区から福島県の被災地・南相馬市への応援など、基礎自治体同士の日頃からの友好関係が支援に役立っているケースも多く見られた。だが、すべての自治体が遠方の自治体と相互応援協定を結んでいるわけではない。そのため、これらの1対1の応援体制から漏れる自治体も見られた。

発災後1カ月間の被災地域の実態を見ると、緊急援助隊は別として、

その他の分野における自治体職員の派遣調整は，うまくいっているとは言い難かった。政府は，基本的には「直接助け合える自治体間ではそれぞれ連携をしてもらい，漏れたところについて補完的に中央政府が情報提供などを行う」という立場だった。だが，特定地域には，大量の支援要員や支援物資が集まったが，支援要員がまったく足りず，支援物資も乏しい地域もあった。交通の便や，マスメディアへの露出などにより，支援が均等ではなく，本当に必要なところに支援ができていないとも伝えられた。

ちなみに，2008年に中国で発生し死者7万人ともいわれる四川大地震においては，中国政府が被災した市町村の復興支援を北京市，上海市，広東省など中国全土の省や市に責任をもたせて割り当てた。中国においてはこのような対応が可能だったが，自治体の自律性が中国よりも高く分権が進んだ日本においては，そのような対応は難しい。非常時・有事においては，集権と分権の問題について，別の角度から議論がありうるのかもしれない。

また，有事においても分権を重視するという考え方をとったとしても，広域的な自治体人材のデータベースの構築を考えることは無駄ではない。公務人材の人的資源の最適配分をするようなシステムは，（自衛隊を除いては）日本には実は存在しない。これは，各自治体がそれぞれ独立した組織であり，それらを調整する組織やデータベースがないことによる。全被災地域の状況を把握して，各被災自治体への人的支援の必要度合い，必要数，必要な専門分野などをはじき，それを集めるといったデータベースは全くない。今後，専門人材のデータベースをネットワークでつなぎ，自治体間で人材を融通し合えうるようなしくみを構築することが考えられうる。

（なお，発災後，交通網がある程度回復してからは，全国各地から集まったボランティアによる復旧支援活動も積極的に行われた。阪神淡路大震災のときに大きな芽が出た「ボランティア」が，日本で確実に根づいていることを示していた。）

とがわかる。政府歳出の大きさは、見方を変えて表現すると、地方政府の「活動量」ということができる。先ほどの言葉を言い換えれば、日本の場合、単一主権国家としては、かなり活動量の大きい国ということができる。

ただ活動量が大きいということは、自律性が高いということを必ずしも意味しない。中央政府からの縛りが大きければ、結局は「3割自治」と揶揄されるような自治になってしまう可能性もある。自治体職員の中には、地方分権一括法施行後も、やはり国や上級官庁からの縛りは強い、と指摘する声も少なくない。このあたりは、なかなか定量的に示すことは難しく、種々の制度の枠組みを見るだけでなく、現場における実態などを十分に検証して議論することが必要であろう。

自治体の数と規模

日本では、市町村合併の議論の際には、一自治体当たりの人口数が議論された。平成の大合併が進められる前の 2004 年時点の市区町村数は 3100、一自治体当たりの平均人口は約 4 万 1000 人であった。しかし、平成の大合併の結果、市区町村数は約 1750 に減少し、一自治体あたりの平均人口も約 7 万 3000 人へと急増した。

だが、国際比較をすると、一自治体当たりの平均人口が 4 万人とか 7 万人とかというのは、イギリスを除けば、かなり大きい部類に属する（表3-2）。諸外国においても、自治体の規模の問題はしばしば議論されている。イギリスにおいては、先に述べたように国の法律で自治体を創設するという考え方が基本にあるために、1980年代以降、かなり強引な自治制度の再編がなされた。だが、憲法で地方自治が保障された日本において、なぜ、すでに国際的に見ると大きい自治体の合併が議論されたのか、どのようなアクター（行為主

表 3-2 西欧諸国の地方政府構造

国	自治体の層の数	自治体の数	1基礎自治体あたりの平均人口
フランス	3	36,680	1,491
ギリシャ	2	5,878	1,803
ポルトガル	2	4,526	2,342
スイス	3	3,021	2,352
オランダ	2	584	2,723
スペイン	3	8,149	4,997
イタリア	3	8,215	7,182
ドイツ	3	16,514	7,900
ノルウェー	2	458	9,000
ベルギー	5	601	11,000
フィンランド	2	455	11,206
デンマーク	2	289	18,000
スウェーデン	2	333	33,000
アイルランド	1または2	114	36,100
英国	1または2	472	137,000

［原注］　自治体の数には，すべての層の自治体を含む。
［資料出所］　Council of Europe, *Structure and Operation of Local and Regional Democracy*, country reports.
［出所］　Peter, 2001, p.35 の表をもとに一部筆者加工。

体）がどのような力を働かせたのか，その原因を探ることは興味深い。

　1つの考え方は地方分権の受け皿論である。国は，外交・防衛などに専念できるようにして身軽になり，そのほかの多くの行政を自治体で行ってもらうようにする考え方がある。この考え方からいくと，当時の自治体の規模では小さすぎるところも多くあると考えられた。人によって主張は異なるが，基礎的自治体の規模が 30 万人程度が望ましいといった議論も行われた。こういった考え方からすると，人口数千人の町役場では，地方分権の受け皿としては十分ではない。他国との比較ではすでに，一自治体当たりの人口数は多い

のに，なぜさらに大規模化するかといえば，それだけ自治体の活動量が，他国よりも大きいからであるという分析も可能であろう。

◆**引用・参考文献**◆

天川晃「広域行政と地方分権」『行政の転換期』（ジュリスト増刊総合特集）1983 年

天川晃・稲継裕昭『自治体と政策——その実態と分析』放送大学教育振興会，2009 年

建林正彦・曽我謙悟・待鳥聡史『比較政治制度論』有斐閣アルマ，2008 年

西尾勝『地方分権改革』（行政学叢書 5 ）東京大学出版会，2007 年

村松岐夫『地方自治』（現代政治学叢書 15）東京大学出版会，1988 年

Peter, John, *Local Governance in Western Europe,* Sage Publicication, 2001

自治体で働く「人」──地方公務員   第4章

1 P県の職員採用試験

「またまた，P県の鷲本知事が国にけんかを売った」と，新聞は大きく報道した。普段は決して話題に上ることのないような，きわめてマニアックな話についてである。

事の真相はこうだ。自治体の職員採用試験は，各自治体ごとに別々に行われている（小さな町村は隣接自治体で協力して共同で試験を実施している場合もある）。

しかしながら，後にふれるように，都を除く道府県や政令指定都

市の職員採用試験第1次試験の日は同じであることが多く（6月の日曜日），また，市役所の職員採用第1次試験の日も同じであることが多い（7月の日曜日）。近隣自治体同士での受験者の重複があると合格者のうちのどれだけの割合の採用予定者が本当に採用当日に来てくれるかどうかわからないので，県同士で示し合わせて同じ日にしている，というのが表向きの理由だが，もう一つ重要な理由がある。それは，自治体の採用試験問題（主として教養試験問題）を国の関連団体であるJ財団が作成しており，多くの自治体はJ財団から採用試験問題を提供されているからである。鷲本知事はこのJ財団に対して，絶縁状をつきつけたのである。

通常の流れを見てみよう。自治体はまず，J財団の会員となって年会費を納める。J財団は会員に対して，採用試験の問題を提供する。その際，「これは何月何日使用限定。もちろん絶対秘密。試験実施後の公開も不可（つまり試験時間終了時に問題を回収する）」という条件で提供するのである。同じ試験問題を数多くの自治体に提供するために，試験実施日を統一する必要があるのである。J財団は，6月の統一試験日に実施する試験問題を数種類作成して，道府県や政令指定都市，そのほかの大都市に提供する。また，7月の統一試験日に実施する試験問題を数種類作成して，さらに数多くの自治体に提供する。

P県もまた，J財団の会員となって，採用試験問題を提供してもらっていた。問題は厳重に搬送され，P県の人事委員会で精査された後，50問中の1, 2問をP県独自問題（P県に関する知識など）に置き換えて，採用試験問題としていたのである。

鷲本知事が問題視したのは，このJ財団であった。この財団には，国の省庁のOBが天下りをしていた。知事は，かねてから官僚の天下りに批判的であり，「天下り官僚の高給に消えてしまうようなお

金は1銭も出資しない」という断固たる方針を出した。新聞記事が，「鷲本知事が国にけんかを売った」というのは，この点を指してのことであった。そこでJ財団もその「お金を払わない」対象となったのである。P県からJ財団への年会費の支払いは知事の命令により停止されることになった。

　それでも試験問題は必要なので，P県の担当者からJ財団に試験問題を提供してもらえないか，と申し入れたところ，「会費を払っている会員団体との均衡上，提供することはできない」とつれない返事だった。それを聞いた鷲本知事は，「P県は独自に問題を作成します」と宣言した。そして独自に採用試験問題を作成する体制を整えていった（実は，東京都は従来から独自に採用試験問題を作成しており，試験実施日も統一試験日とはずれているが，そのほかの自治体で試験問題〈教養択一式〉を独自に作成しているところは数少なかった）。

　P県においても，独自採用試験問題を作成するようになると，採用試験日程の選択などに自由度が増すのは間違いない。だが，それなりの費用がかかることも覚悟しなければならない。

　鷲本知事は続いて，採用試験のあり方そのものについても見直そうと考えた。つまり筆記試験を重視してきた従来の試験方式では，優秀な人材を全部民間企業にとられてしまい，人材獲得競争に勝ち抜くことはできないと考え，新たな採用試験方法を検討するように担当者たちに命じたのだった。

　以上見てきたのは，自治体で働く人（地方公務員）をいかに採用するかという問題，すなわち入り口の問題である。その後，鷲本知事は入り口だけでなく，入ってからの人事異動や昇任，特に幹部公務員にとって大きな波紋を呼ぶ人事を行う。それは彼が知事についてから1年程経過した，X+1年4月1日のことであった。発令された人事異動表を見て，職員たちは目を疑った。

P県では最も高位のランクの一般職（副知事などを除く）は、「ひな壇部長」と呼ばれ、部長の中でもランクが上の部長8名である。県議会の本会議場で、知事と並んでひな壇に座るためこう呼ばれている。それ以外の部長は、「部長級」と呼ばれる部長である。そして、両者は給料表上の異なるランクに属するので、部長級の職員がひな壇部長になると、「出世した」と認識される。公務員の場合、身分保障があるので、犯罪行為を行って懲戒処分を受けるか、病気になって働けなくなるかさえしなければ、降任、降格される（出世の逆）ことはないので、ひな壇部長は定年退職するまでひな壇部長であり続ける。知事が新しくなっても、その範囲内で（つまり定年でやめたひな壇部長の地位に別のひな壇部長をつけるか、部長級職員を昇任させる）異動させざるをえなかった。

　鷲本も知事になって2カ月しか経過していない最初のX年4月の異動では、その慣例に従った。しかし、知事就任から1年2カ月経過後のX＋1年4月異動では、ひな壇部長を事実上「降格」させたり、部長級の手前の職員を2階級特進でひな壇部長に抜擢（ばってき）したりと、傍若無人な人事異動を行ったのである。前者は、公務員法上は本人の同意がなければ事実上不可能だが、鷲本知事はちゃんと本人から「同意書」をとりつけて人事異動を行ったのである。この異動は、職員の間に非常に大きな緊張感を走らせることになった。

　さらに、鷲本知事は財政非常事態を受けて、職員の給与削減に乗り出す。当然、職員団体（いわゆる労働組合）は強く反対したが、徹夜交渉を何度か経て、結局、鷲本知事は職員の給与を削減して、歳出を数百億円節約することに成功した。

＊　＊　＊

　P県は自治体のうちの1つであるが、他の自治体もP県と同じ

ようなことを行っているというわけではない。日本の自治体には，約280万人の地方公務員が勤務している。だが，「地方公務員」という1つの職員集団が存在するわけではなく，法人格をもつ各自治体がそれぞれ雇用主となっている。いわば，地方自治という業界における会社が1800程度（47の都道府県と1750ほどの市区町村）存在するというイメージの方が正しい。銀行員といっても，それぞれの銀行ごとに人事制度や給与体系，採用制度が別々であるように，同じ地方公務員といっても，それぞれの自治体ごとに，人事給与制度は異なるのが原則である。したがって，昇任試験制度がA県にはあって，B県にはないということがしばしば見られる。

ただ日本の場合，地方公務員法という共通の法がすべての（一般職）地方公務員に適用され，彼らは守秘義務や職務専念義務をはじめさまざまな服務規律の下にある。

2 地方公務員の種類と数

地方公務員の種類

法によると「地方公務員」とは「地方公共団体のすべての公務員」（地方公務員法2条）を意味し，その職は一般職と特別職に区分される。地方公務員法の規定は，一般職に属する地方公務員（職員）に対して適用され，特別職◆には適用されない。

一般職に属する職員であっても，教育職員，単純労務職員＝技能

◆用語解説
特別職　①直接・間接に住民の信任によって就任する職（長，議員，副知事，副市長など），②自由任用を適当とする職（長の秘書），③非専務的な職（臨時または非常勤の委員，顧問，調査員，消防団員など），④失業対策事業等に雇用されている者

労務職員，警察職員，消防職員などについては，その職務と責任の特殊性に基づいて特例が定められており，地方公務員法の規定が全面的に適用されるわけではない。

また，人事・給与システムも相当異なる点が多い。例えば，小中高校の教師については，教頭や校長になる者は別として，就職から退職時まで，ずっと同じ「教諭」という肩書のまま昇任試験を受験しない者も多い。この場合，「昇任」という概念は当てはまらないし，また給料表上も同一の等級が退職まで適用されて，昇格することはない。

警察官の場合は，都道府県警察本部での採用後，巡査から始まり節目ごとの昇任試験を経て階級を一段ずつ上がっていくが，警視正にまでいたると，身分は地方公務員から国家公務員に切り替えられるといった，ほかの地方公務員では見られない特殊性がある。

本章では，主に，一般行政職を念頭に見ていくことにしよう。

地方公務員の数

一般職の地方公務員総数は，約 281 万人（2010 年 4 月 1 日現在）である。都道府県（47 団体）の職員が約 153 万人と過半数を占め，指定都市（19 団体）の職員（約 24 万人）と合わせると，全職員数の 6 割を超える。その他，一般市（767 団体）が約 74 万人，町村（941 団体）が約 15 万人，特別区（23 団体）が約 6 万人などとなっている（図 4-1）。

1 つの自治体あたりの平均人員は，約 1566 人であり，都道府県が約 3 万 2450 人，指定都市が約 1 万 2850 人，一般市が約 963 人，町村が約 156 人となっている。団体区分によって，組織の大きさも相当異なることがわかる。

部門別に見ると（図 4-2），一般行政部門（一般管理，福祉関係）に

図 4-1 総職員数の団体区分別構成（2010 年 4 月 1 日現在）

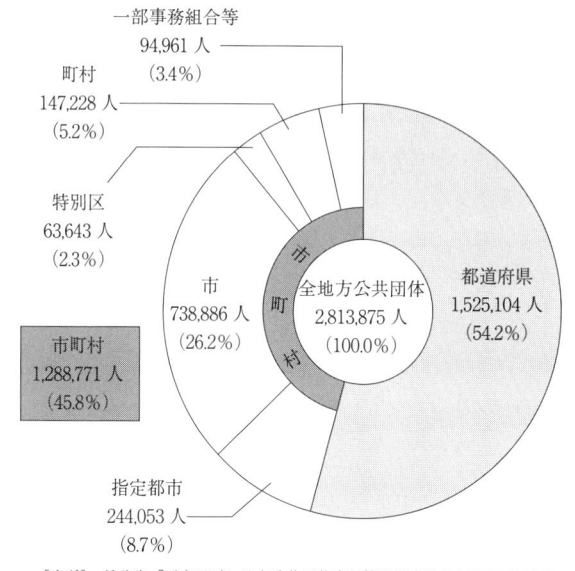

- 一部事務組合等 94,961 人（3.4%）
- 町村 147,228 人（5.2%）
- 特別区 63,643 人（2.3%）
- 市 738,886 人（26.2%）
- 全地方公共団体 2,813,875 人（100.0%）
- 都道府県 1,525,104 人（54.2%）
- 市町村 1,288,771 人（45.8%）
- 指定都市 244,053 人（8.7%）

［出所］ 総務省『平成 22 年 地方公共団体定員管理調査結果』2010 年 12 月。

図 4-2 総職員数の部門別構成（2010 年 4 月 1 日現在）

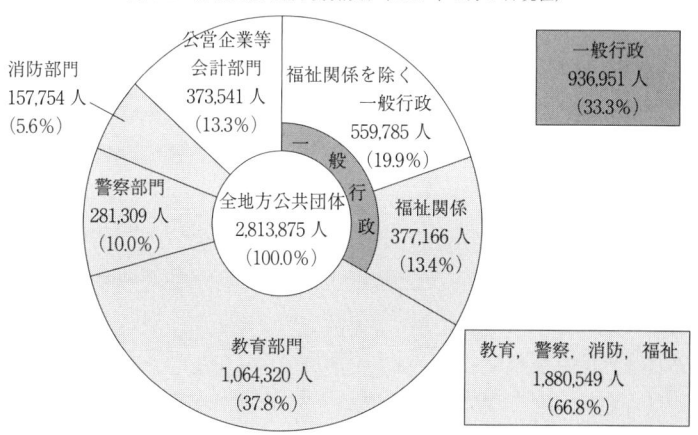

- 公営企業等会計部門 373,541 人（13.3%）
- 消防部門 157,754 人（5.6%）
- 福祉関係を除く一般行政 559,785 人（19.9%）
- 一般行政 936,951 人（33.3%）
- 警察部門 281,309 人（10.0%）
- 全地方公共団体 2,813,875 人（100.0%）
- 福祉関係 377,166 人（13.4%）
- 教育部門 1,064,320 人（37.8%）
- 教育，警察，消防，福祉 1,880,549 人（66.8%）

［出所］ 総務省『平成 22 年 地方公共団体定員管理調査結果』2010 年 12 月。

約94万人（33.3％），特別行政部門（教育，警察，消防）に約150万人（53.4％），公営企業等会計部門に約37万人（13.3％）となっている。

部門別の特色を見ると，福祉関係を除く一般行政（議会，総務・企画，税務，労働，農林水産，商工，土木）は，国の法令などによる職員の配置基準が少なく，自治体が主体的に職員配置を決める余地が比較的大きい部門である。

福祉関係（民生，衛生）部門は，国の法令などによる職員の配置基準が定められている場合が多く，また，職員配置が直接住民サービスに影響を及ぼす部門であり，行政改革の対象とする際にはさまざまな配慮が必要になってくる。

教育部門，警察部門，消防部門は，国の法令などに基づく配置基準等があって，自治体が主体的に職員配置の見直しを行うことが困難な部門である。

また，公営企業等会計部門（病院，水道，交通，下水道，そのほか）は，独立採算を基調として企業経営の観点から定員管理が行われている部門である。

部門別の構成は，都道府県か市町村かで大きく異なる。

都道府県の場合は，職員の6割近くが教育部門である。これは，義務教育の教員を抱えていることが大きい。なお警察部門の職員も約19％程度を占める（図4-3）。

すでに見たように，教育，警察，消防，福祉といった分野では，なかなか定数を削減することは困難で，それが可能なのは福祉関係を除く一般行政職や公営企業等会計部門であることがわかる。したがって，府県レベルでは，職員を削減できる部分がかなり限られてしまう。

知事選挙において，「県の職員数を2割削減します」と選挙の際

図 4-3 団体区分別部門別構成（都道府県）

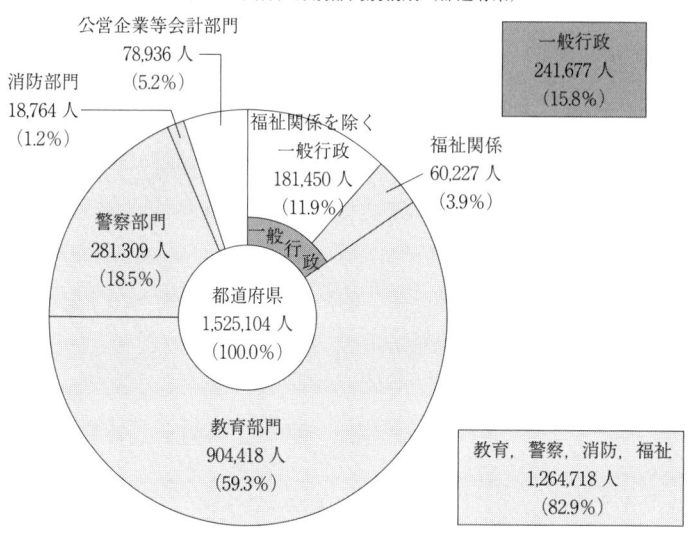

- 公営企業等会計部門 78,936 人 (5.2%)
- 消防部門 18,764 人 (1.2%)
- 警察部門 281,309 人 (18.5%)
- 福祉関係を除く一般行政 181,450 人 (11.9%)
- 福祉関係 60,227 人 (3.9%)
- 教育部門 904,418 人 (59.3%)
- 都道府県 1,525,104 人 (100.0%)

一般行政 241,677 人 (15.8%)

教育，警察，消防，福祉 1,264,718 人 (82.9%)

［出所］　総務省『平成 22 年 地方公共団体定員管理調査結果』2010 年 12 月。

図 4-4 団体区分別部門別構成（市町村）

- 公営企業等会計部門 294,605 人 (22.9%)
- 消防部門 138,990 人 (10.8%)
- 教育部門 159,902 人 (12.4%)
- 福祉関係 316,939 人 (24.6%)
- 福祉関係を除く一般行政 378,335 人 (29.3%)
- 市町村 1,288,771 人 (100.0%)

一般行政 695,274 人 (53.9%)

教育，消防，福祉 615,831 人 (47.8%)

［出所］　総務省『平成 22 年 地方公共団体定員管理調査結果』2010 年 12 月。

にローカル・マニフェスト（第5章参照）に明記する候補者がいたが，これは明らかに勉強不足である。いざ知事になってみると，実は，図4-3の灰色の部分は何もさわることができないことに気づく。結局，2割削減をしようとすると，一般行政職を全員解雇したうえ，公営企業を全部民営化するといったまったく現実味のない話になってしまう。「県職員2割削減」と叫んだ威勢のよさはいつのまにか，「一般行政職の2割削減です」とローカル・マニフェストを修正せざるをえなくなる。地方公務員の部門別構成に理解のない候補者が「県民受けのするマニフェスト」をつくっても，結果はお粗末極まりない。

　市町村の場合は，一般行政部門に勤務する職員の割合が大きい（約54%）。中でも，都道府県と比較した場合，福祉関係部門の職員構成が大きい（約25%。都道府県の場合は約4%）ことがわかる（図4-4）。

3　採用・異動・昇任

職員の採用

　自治体の職員になるためには，通常，職員採用試験（競争試験）を受けなければならない。地方公務員法15条は，職員の任用は「受験成績，勤務成績その他の能力の実証に基いて行わなければならない」，という根本基準を定めている。採用試験に限って見れば，受験成績その他の能力の実証に基づいて採用しなければならないと定めていることになる。だが，この能力実証主義を満たすために具体的にどのような採用試験を実施すべきかという点について法はふれておらず，各自治体に任されている。そのため，採用試験の実施時期，実施方法もかなり多様性に富んでいる。ただ，実施時期につ

いては，択一式の筆記試験問題を共通で利用している自治体が多い（国関連の財団の会員となって試験問題の提供を受けている自治体が多い）ことから，いくつかのグループに分けられる。

　第1次筆記試験に関して比較的共通に見られる傾向として，6月下旬に道府県・政令指定都市が実施し（A日程と呼ばれる），7月下旬に一般市が実施する（B日程）というものが多い。9月中旬に実施する市町村もある（C日程）。

　1980年代までの一般的な試験パターンは，第1次試験で筆記試験（教養ならびに専門）を行って，第2次試験の口述試験では個別面接，というものだった。第1次試験で相当絞り込みを行うため，第2次試験の口述試験で落とされる受験者は少なく，面接を受けた者の4人中3人程度は合格するというのが一般的であった。

　これは，1960年代，70年代の自治体採用試験において縁故採用が多く見られたことへの反省からきている。地元有力者の口利きで採用を決定するという慣行は，地方公務員法の能力実証主義に反するとして，マスメディアなどからの批判を招いた。そのため，筆記試験で，かなりの程度ふるいにかけて採用するという方式が定着していった。

　1980年代に入ってからの第2次臨調期においては，採用の抑制が行われたため，競争倍率が急激に高くなり，筆記試験の難易度も上がった。その対策をする公務員試験予備校も次々と作られていった。1990年代後半以降の経済不況はそれに拍車をかけた。そのため，第1次試験を突破するのは，筆記試験では極めて優秀な偏差値エリートに限られるようになってくる。しかし，彼らが，自治体の業務遂行において優秀であるかというと必ずしもそうではなかった。

　そこで，最近は，むしろ筆記試験の成績よりも，住民対応がうまくできるかとか，新しい課題に果敢にチャレンジする気概をもって

いるかとかを重視する自治体が多くなってきた。また，従来の試験のパターンにこだわらないさまざまな手法で，より多くの受験生を集め，人物本位で採用を行うことも多くなってきている。例えば，第1次試験で筆記試験のほかに，個別面接を取り入れ，第2次試験では，個別面接のほかに，集団討論やプレゼンテーション試験を取り入れている自治体が増えてきている。また，市町村による共同採用試験実施なども次第に増加してきているなど，既存の採用試験制度にとらわれない，新たなしくみが模索されつつある。

職員の配属と異動

採用試験に合格した者は，通常，4月1日に任命権者（多くは知事や市長）から新規採用職員として採用発令を受け，すぐに初任者研修を受講することになる。自治体によってその期間は数日から数週間までさまざまであるが，この研修において公務員としての心構えや権利義務，執務の基礎的なことを学ぶことになる。初任者研修後，特定の課に配属（あるいは仮配属）される。そこで，個別の業務を与えられ，上司や先輩から仕事を教えてもらうことになる。この，いわゆる職場研修＝OJT（オン・ザ・ジョブ・トレーニング）が，自治体現場では技能や知識向上の重要な場面となる。

最近では，新規採用者にそれぞれ先輩のトレーナーをつけて懇切に指導にあたるような制度を設けているところも増えてきた。これはブラザー・シスター制度やメンター制度などと呼ばれている。組織にはそれぞれさまざまなルールや慣例があり，必ずしもマニュアルにすべては書かれていない。そのため，それをいつでも気軽に尋ねることのできる存在が身近にいることは心強いということで，比較的受け入れられているという。

日本の組織では，本人の申し出の有無にかかわらず，定期的な人

事異動が行われるのが通例である。自治体も例外ではない。多くは，毎年4月に，いっせいの人事異動を行う。人事課による各所属人事担当者へのヒアリングが12月ごろから始まり，それらをふまえたうえで，人事課では2，3月に集中して異動作業にあたる。人事課職員が半ば泊まり込み状態で異動作業を行う自治体が多い。

　定年でやめたAさんがいたポストにBさんをもってくれば，Bさんのポストに誰かを充てなければならない。さらにその次，その次というように，玉突きのかたちで，数多くの人をいっせいに動かすことになる。異動の際に，次項で述べる昇任人事も合わせて行われるのが通例である。

　異動のサイクルは，自治体によってかなり異なる。概ね3年ごとのローテーションを心がけている自治体もあれば，一定の職場に10年程度とどめるような人事政策を行っている自治体もある。

　一般に，医療職などの特定職種を除けば，新規採用職員は特定の分野のプロフェッショナルということではなく，職務を通じて仕事を覚え，能力を向上させていく。特定の職場に長くいれば，その職務には通暁(つうぎょう)するようになるが，ほかの仕事との比較など，より高度な視野からの行政を行うことが困難になる。逆に，毎年のように職場がかわる異動政策をとれば，ジェネラリストの養成という観点には合致するが，仕事を十分にこなせるようになる前に異動ということになってしまう可能性もある。人事政策としては，職員の仕事吸収能力，組織全体の配置戦略など，さまざまなことを考慮して異動を行う必要がある。

昇　任

　昇任とは，職員を公の名称（職務の級，組織上の地位など）が与えられている職で，その現に有するものより上位のものに任命するこ

とをいう。俗にいう「出世」である。

　職位の階層をいくつにするか，部長・課長・係長といったラインの職位のほかに，参事・主幹・主査といったスタッフの職位を設けるかどうか，さらには課長代理・課長補佐・副主幹・副主査などといった職位を設けるかどうかは，各自治体がそれぞれ決定する事項である。そして，各職位に勤続何年ぐらいで到達できるかも，各自治体の人員構成等の諸要件によってきわめてバラツキがある。ただ従来，各自治体においては，それぞれ，一定年齢に達すると上位の職位に昇任させるという政策をとるのが一般的であった（後述の昇任試験制度を行っている自治体は別）。いわゆる年功序列の慣行が多かった。

　一般的な姿を描くのは困難であるが，全国的な平均をとった場合，概ね40歳前後で係長に，50歳前後で課長に昇任するというのが相場である。部長や局長に到達するのは，50歳代の後半である。ただ，この昇任年齢は，職員の高齢化・高学歴化にともなって徐々に後ろにずれる。すなわち，徐々に係長級や課長級への平均昇任年齢が高齢化するという現象を，多くの自治体が経験してきている。それは，高齢化，高学歴化など，自治体の職員構成の変容が影響している。

　1960年代から70年代前半にかけては，多くの自治体で事務量の増加にあわせて新卒の職員を大量採用し続けた。しかしその後オイルショック（1973，79年）があり，民間企業では減速経済下でリストラなど，血の出るような合理化努力がなされた。政府部門でも同様の合理化，行政改革をすべしとの声が高まり，第2次臨時行政調査会（第2次臨調）では，地方も行政改革を行って合理化努力をするべきだとする強い方針を打ち出した。これに基づき，自治体が職員定数を凍結した結果，新規補充は少なくなり，1970年代の大量

採用者の塊がそのまま加齢していった。全国の自治体職員（一般行政職）の平均年齢は，1973（昭和48）年には34.6歳であったが，2003（平成15）年には42.6歳になっている。30年で8歳の高齢化が進んだ。

また，大学進学率の飛躍的な増加と，行政需要の高度化・複雑化にともなって高学歴者を充当せざるをえなくなってきたことが，高学歴化を加速させた。さらに，1975（昭和50）年の国際婦人年を境にして，男女別の採用枠を撤廃し，昇任においても同等の扱いをするようになった自治体も多い。

多くの自治体では，これら職員構成の変容に対応するため，係長や課長への昇任初任年齢の引き上げや，ポスト増設などの場当たり的な対処を行ってきた。昇任初任年齢の引き上げは，先に述べた年功序列の昇任制度をとっているために起きている。

しかしながら，自治体行政をとりまく環境が大きく変化し，課題が山積している今日，年功序列で役職ポストに就けることは問題であるし，組織の中核である部長や局長になったら定年まで残りわずかということも問題である。そこで，最近は，このような年功序列をできるだけ排斥して，能力に応じて抜擢したり，昇任試験制度を導入して昇任者を選別したりして，昇任年齢の若返りを図ろうとする自治体も多くなってきた。

地方公務員法は，人事委員会を置く団体（都道府県・政令指定都市など）では，昇任は「試験」によることが原則であるという規定のしかたをしているものの，昇任試験を導入している団体は，都道府県レベルでは東京都など数団体しかない。だが，政令指定都市や一般市では，昇任試験，特に係長級への昇任試験を実施する割合が徐々に高くなってきており，政令指定都市では3分の2に達している。

なお，2007（平成19）年以降，多くの地方公務員が退職年齢を迎えている。数多くの管理職が退職してポストが空くが，それにふさわしい人物が育成できていないという新たな問題を抱える自治体が増えている。

4　人事交流

いったんある自治体に就職すると，通常は定年までその自治体で働くことになる。研修のために自治大学校に派遣されたり，国内外の大学院に派遣されたりすることもあるが，基本的に勤務先は当該自治体のみである。

ただ，当該自治体から，ほかの自治体や国の各省庁へ一定期間派遣されるという例が見られる。都道府県と域内の市町村との間では，多いところでは100人以上の人事交流がある都道府県もあるし，また，国への派遣も最近かなり増えてきている。

最近の新しい動きは，同一県内で県と市町村の交流が行われるだけでなく，ほかの都道府県への職員派遣やほかの県の市町村への職員派遣が増加してきている点である。目立っているのは，「他の先進自治体で優れた行政分野を学ぶ」という点である。

さらに，人材育成の観点から，民間企業へ職員を派遣するなど，民間とのさまざまな人事交流の取り組みも広がりつつある。多くの派遣元自治体では，民間企業のコスト意識を学ぶことなど，職員の資質向上を目的としている。ただ，民間企業への派遣研修にあたっては，地方公務員法が種々の服務に関する規定を置いていることに鑑み，趣旨・目的の明確化，派遣先企業の選定，研修期間・研修内容の設定などに特に留意する必要がある。

これらの人事交流に対して，従来，話題をさらってきたのが，国

表4-1 省庁別出向者数の推移

	1999年	構成比（%）	98	97	96	95	94	92	91	89	86	構成比
建設省	139	27.4	145	155	162	174	181	176	180	184	188	33.4
自治省	124	24.4	123	128	130	130	131	138	136	142	145	25.8
農水省	72	14.2	74	76	77	82	87	87	88	88	95	16.9
3省小計	335	65.9	342	359	369	386	399	401	404	414	428	76.0
厚生省	55	10.8	55	58	65	68	70	63	66	63	57	10.1
運輸省	34	6.7	36	40	39	42	43	37	34	33	25	4.4
通産省	36	7.1	39	38	36	31	31	29	27	25	22	3.9
大蔵省	12	2.4	13	12	12	12	12	9	10	10	9	1.6
労働省	12	2.4	11	12	11	9	12	13	11	13	12	2.1
外務省	6	1.2	6	5	5	6	6	3	4	4	2	0.4
環境庁	6	1.2	7	5	4	4	1	5	5	8	4	0.7
文部省	3	0.6	4	4	2	3	2	3	2	1	0	0.0
郵政省	3	0.6	1	2	2	2	2	2	4	1	1	0.2
国土庁	1	0.2	1	2	1	2	1	2	1	2	0	0.0
総務庁	1	0.2	0	2	1	1	1	0	1	1	1	0.2
科学技術庁	2	0.4	2	2	2	2	1	1	1	1	0	0.0
経済企画庁	1	0.2	1	1	1	2	0	1	1	1	0	0.0
会計検査院	1	0.2	1	1	1	0	0	1	1	1	2	0.4
消防庁	0	0.0	0	0	1	1	1	1	0	0	0	0.0
国税庁	0	0.0	0	0	0	0	0	1	0	0	0	0.0
合計	508	100	519	543	552	571	582	571	572	578	563	100

［注］『日経地域情報』9号，87号，129号，156号，199号，224号，251号，275号，299号，323号をもとに作成。知事部局に限るため，文部省（県教育庁への出向が多い）の数が少なく出ている。
［出所］ 稲継，2000，84頁。

の各省庁から，都道府県や大都市への出向官僚，マスメディアの用語でいえば「天下り官僚」の問題であった。各省庁から府県の幹部職員（課長級以上）への出向者数は全国で500人を超えるが，これを国による地方支配とみる批判的な論調や，自治体の職員のモラル低下につながるという主張が多く見られてきた。

しかし，都道府県によって受け入れ人数にかなり多様性があること，経年変化を見ると派遣元の省庁（2001年省庁再編前の旧省庁別）に変化が見られる（農水省や建設省が減り，通産省，運輸省や大蔵省が増えている）こと，などから，必ずしも国がおしつけて職員を派遣しているわけではないことがわかる（稲継，2000）。出向官僚はむしろ，自治体の側が望んで受け入れているものである可能性も高い。

　中央省庁が人を送り出す理由としては，①地方からの要請に応える，②職員のキャリア形成の一環として自治体現場を知ることが不可欠，③中央と地方の意思疎通をはかる，などが挙げられる。

　逆に，地方の側での受け入れの理由としては，①組織の活性化，②中央省庁とのパイプ，③大胆な改革の推進役，などが挙げられることが多い。地方の側としては，数多くの組織を経験している国の官僚を受け入れることによって，自治体内の組織を活性化し，職員にさまざまな影響を与え，また，自治体生え抜きの職員では（利害関係者と近い距離にいるために）身動きがとれなくなりがちな「改革」を推し進める役割を強く求める部分もある。

　この出向のあり方については賛否両論が交わされているが，出向者数というデータを見るかぎり，中央から地方への出向は近時減少傾向にある。自治体側は，その分，政策立案能力の向上をねらって，中央省庁への職員派遣数を増加させてきている。

5　給　与

　自治体職員には，給与として図4-5にあるような給料や諸手当が支給される。

　自治体職員に支払われる給与に関しては，職務給の原則（職務と責任に応じた給与の支給），均衡の原則（生計費，国や他の自治体の職員，

図 4-5 地方公務員の給与体系

毎月決まって支給される給与（月例給与）	基準内給与	給料	給料表上の給料 給料の調整額, 教職調整額
		生活給的手当	扶養手当 調整手当→地域手当（2006年～）
	基準外給与	生活給的手当	住居手当 通勤手当 単身赴任手当
		職務給的手当	特殊勤務手当 管理職手当 産業教育手当, 定時制通信教育手当 義務教育等教員特別手当, 農林漁業改良普及手当
		超過労働的手当	時間外勤務手当, 休日勤務手当, 夜間勤務手当 宿日直手当, 管理職員特別勤務手当
		その他の手当	初任給調整手当 特別勤務手当, へき地手当
その他の手当		その他の手当	寒冷地手当 期末手当, 勤勉手当 災害派遣手当 退職手当

［出所］ 筆者作成。

民間労働者の給与との均衡が必要），条例主義の原則（法律・条例にもとづいた給与の支給）の3つの原則が法律上定められている。

給与の内の主要な部分を占めるのが給料月額であるが，これは上の3つの原則に基づいて定められる建前となっている。だが，職務給の原則という建前をとりつつ，職務内容が変わらなくても勤続年数に基づいて給与が上がり続けるような給与構造となっているのが，実態である。これは国においても同じである

また，均衡の原則は，①生計費，②国家公務員の給与，③ほか

の自治体の職員の給与，④民間事業従事者の給与，⑤そのほかの事情，を考慮して行うことと規定されているが，実際の運用では，「国家公務員の給与に準ずる」ことにより実現されるものと解されてきた。これは，国家公務員給与決定の基礎となる人事院勧告には①④が織り込まれており，自治体職員の給与を国家公務員に準ずることとすれば，②③の要素も満たすことができるからであるとされていた。だが，近時はより当該地域の民間給与との均衡（④）を重視する方向へと変わりつつある。

地方公務員の給与が国家公務員の給与と均衡がとれているかどうか，すなわち国家公務員の給与に準じているかどうかは，「給与水準の面」と「給与制度の面」との2側面から見る必要がある。

水準面でいうと，ラスパイレス指数（国を100としたときの当該自治体の給与水準）は，政令指定都市や一般市では高い時期が続いたが，その後，次第に下降していき，2004年には全国平均でラスパイレス指数が初めて100を切った。

制度面は，給料表の構造や初任給，昇格および昇給の決定方法，各種手当の種類とその内容などが国家公務員に準じて定められているかどうかによって判断することになる。

自治体は，地方自治法204条に定める諸手当を条例で定めて支給することができる。ただ，各手当の具体的内容は法律では規定されておらず，条例で定めることとなっているので，各団体で微妙に異なっている。例えば，管理職手当の支給基準（定額とするか定率とするか，係長に支給するか否か），扶養手当の額など自治体によって異なるものも多い。

特に特殊勤務手当の種類や金額は自治体によって相当異なっており，適正さが疑われる例もある。だが，2004年以降の公務員給与に対する厳しいマスメディアの批判の中で，それらの不適正な特殊

勤務手当は是正されつつある。

また，調整手当（2006年から地域手当に変更。第6節参照）のように地域によって異なる手当もある。

なお，期末・勤勉手当（民間企業でいう賞与に相当するもの）の年間総支給月数や退職手当の支給月数などが，自治体によって相当異なっていた時期もあった。これについては地方財政を圧迫するものであると批判されたが，現在では全国的にほぼ同じ月数となっている。

6 今後の自治体の人事給与制度

日本の公務員の人事給与制度は，国においても地方においても，長期的な雇用を前提とし，評価を長年積み重ねて，長い目で見て報いようとする制度をとってきたといえる。

上位の級に昇格・昇任しなくても，毎年定期昇給を受け続けることによって，ベースアップ以外の給与の上昇が期待できたし，上位の級に昇格・昇任できた者とそうでなかった者との給料の差も当初は僅かでしかなかった。ただ，その差が徐々に開いていくことが期待されたのである。

つまり，日本型公務員人事給与制度は，働きぶりに応じて長期的な目で見て評価し，（勤務評定のような有形のものであれ，部内や同僚間の評判という無形のものであれ）その結果を長期的に積み重ねて昇格・昇任の際に利用し，より上位の級（役職）に昇格（昇任）した者は，より多くの褒賞を受け取れるようにするシステムとなるよう設計されていた。年功給を基礎としつつも，査定の積み重ねとしての昇格・昇任の違いによって，長年かけて徐々に差をつける構造（積み上げ型褒賞システム）となっていたのである（もっとも，そのような差を意図的に回避するような給与運用がなされてきた自治体も散見され

Column ⑤ 昇任試験制度の実態──偉くなるって大変

東京都や特別区,政令指定都市の多くは,係長や課長になるに際して,昇任試験（昇進試験）制度を導入している。自治体によって試験科目は異なるが,地方自治法や地方公務員法,行政法などを課す自治体が多い。また,日ごろの勤務成績に当たる「人事評価」の点数を換算して,筆記試験の点数との合算で合格者を決めるのが一般的である。

筆記試験の勉強は大変である。大学入試の時にはネジリ鉢巻きで勉強したし,公務員試験の勉強も必死にやったが,就職後は,難しい本はあまり読まないという職員も少なくない。数年間勤務して少し固くなりだした頭を再び刺激し,また,忙しい仕事の合間に,勉強時間を見つけなければならない。自治体によっては,管理職試験の合格率が10%程度のところもあった。つまり100人受験して10人しか合格しなかったのである。必然的に高い得点をとろうと受験者間の競争も熾烈になる。仕事で疲れているのに,帰宅後,深夜まで地方自治法の勉強をしている自治体職員が全国には大勢いたのである。

だが,昇任試験実施団体の多くは,近時,受験率の低下に悩んでいる。例えば,京都市の係長昇任試験の受験率は,当初は受験有資格者のうちの40%を超えていたがすぐに30%前後となり,最近では20%前後となっている。うち女性職員の場合は当初から受験率は低く,2000年以降10%を切っている。出産,育児の時期と昇任試験の時期が重なってしま

る）。

この報酬の与え方は,日本における職務遂行の特徴（下位職位への権限委譲,職務分担の曖昧さ）とも関連している。諸外国に比べると,日本の行政組織においては下位職位へ権限が委譲されていることが多く,すべての職員のリソースを動員するという特徴がある。また,課ごとの職掌範囲は明確に定められているものの,各課内での構成員間の職務分担が曖昧で,相互依存の領域が広い。個人ごと

う人が多く、結局は昇任試験の受験勉強自体をあきらめざるをえない場合もあるという。

同様の傾向は、ほかの自治体でも見られる。横浜市も係長昇任試験受験率は10％程度（うち女性職員の場合5％程度）となっている。つまり、女性の場合の受験有資格者のうち、20人に1人しか昇任試験を受験していないということになる。

わざわざ難しい昇任試験を受けて合格して係長や課長になっても、給与でそう大した違いがあるわけではなく、場合によっては、管理職になったことによって残業手当（超過勤務手当）が出なくなって総収入がマイナスになることもある。役職が上がれば自由裁量などが増えるものの、議会対応や組合対応など、新たな負担も増えてくる。部下の指導育成も重労働である。職員各自が、昇任することによって得られるメリットとデメリットについてバランスシートをつくってみた場合、現状は「昇任」というものが魅力的ではなくなってきているのである。これでは昇任・昇格の諸機能がうまく働かない。

今後は、給与その他の昇任メリットを大きくするなど、昇任というものがより魅力的であるように感じられる制度を設計し、職員のインセンティブを引き出す昇任制度を構築していく必要がある。

の職務内容を内規などで定めている場合でも、複数の担当者を置いたり、繁忙時にほかの者が手助けする制度を設けたりすることが多い。物理的にも、欧米と異なり大部屋で仕事を行う執務形態をとっているので、互いに協力しカバーしあって業務を遂行する部分が多くなるという特徴とも整合性があったと考えられる。

しかしながら、これらの人事給与諸制度は、今、大きな転換点にきている。それは、国よりも自治体においてより深刻である。

自治体においては、1990年代以降、①職員構成の変容、②地方分権、③ニュー・パブリック・マネジメント（NPM）の普及、の3つの流れが背景となって、人事制度改革が喫緊の課題となっていた。

　第1に、第3節「昇任」の項で見たように、職員構成の大きな変容を経験した日本の自治体では、これまでのような年功的な昇任制度がもはやとれなくなってきている。これを打開するためには、能力・実績に基づいた昇任・昇格の差を受容せざるをえなくなっている。

　第2に、地方分権への流れにより、地域で取り組まなければならない行政課題が複雑・多様化するとともに、職員に求められる能力も変容してきたことが挙げられる。従来は、事務処理能力のほかには、法律や政省令、通達をどれだけ把握しているか、正しく解釈できるかが、比較的重んじられていた。しかし、自らまちづくりを考えなければならなくなり、今まで拠り所としていた国からの通達も来なくなることが増えてきた。法科万能の時代の法規解釈能力、（ややシニカルにいえば）「先例踏襲能力」の重視から、むしろ課題発見、課題解決能力、調査して政策立案する能力が求められるようになってきている。不透明な状況下で事態を分析し、判断を下さざるをえない状況に直面する場面も出てきている。従来想定されてきた、年功的な業務熟練の基盤が崩れてきている。事務処理だけを担当していたころの管理職なら能力のない職員でもなんとか務めることができたかもしれないが、今では、管理職は、上に掲げた諸能力を兼ね備えた者でなければ務まらない。無能な者を責任のある地位につけると、自治体全体にとってきわめて大きなマイナスになる。

　第3に、NPMの普及が挙げられる。日本型の公務員制度は長期雇用を前提として、長い年月をかけて職員を評価し、その情報を集権的に人事担当課に蓄積して、職務経歴の後半において徐々にそれ

に報いていくという制度であった。しかし，第7章第3節で見るように，NPM は公共部門における経営管理に，民間企業における経営管理の手法（アウトソーシングなど）と感覚（顧客指向主義など）を導入しようとする。また，NPM は短期的な評価，分権的な人事制度，柔軟な雇用形態を求める。NPM の受容，進展が，従来の日本の人事行政に大きな見直しを迫るきっかけとなりつつある。

このような「3つの流れ」が改革を促進して，現行制度のもとでさまざまな人事制度改革を行おうとする自治体も生まれ始めている。年功的な昇任管理から，能力・実績に基づいた昇任管理へと転換するために，昇任試験制度を新たに導入したり，人事評価制度を本格的に導入したりする自治体も増えてきている。

給与制度についても大きな動きが見られる。先に見たように，地方公務員の給与は国に準拠する方式がとられてきたが，2006年以降，国において給与構造に関する抜本的な改革が進行しつつある。発端は，大都市以外の地域で勤務する公務員の給与が，当該地域の民間労働者に比べて高すぎるのではないかという議論であった。その後，この問題は，年功的な給与構造そのものを見直すということにまで発展していった。

2005年の人事院勧告では，俸給全体を4.8％引き下げるとともに，給与カーブのフラット化により，年功的な給与上昇を抑制するという構造改革を行った（図4-6）。俸給全体の嵩下げが行われるが，都市部など民間給与水準の高い地域には，調整手当に代わる地域手当を支給することにより，その差を埋め合わせる措置をとる。つまり，大都市では，本給＋地域手当で計算すると，以前と同程度または少し賃上げになるが，大都市以外の地域，とりわけ地域手当が支給されない地域においては，大幅な賃下げになるような改革が行われたのである。

図4-6 2005年人事院勧告における俸給表の抜本的見直し

> 給与カーブの見直し（フラット化）により，年功的に上昇する給与を抑制する。具体的には，若年の係員層については俸給水準の引き下げを行わず，中高齢層の俸給水準を7％引き下げ，俸給表全体では平均4.8％引き下げる。

> 職務・職責に基づく俸給水準を確保する。
> （俸給表の職務の級間の水準の重なりを縮減）

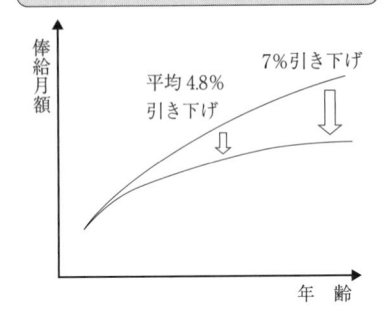

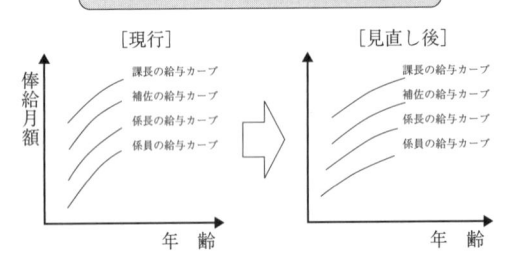

［出所］　人事院資料。

　さらに，この2005年の勧告では，級ごとの給与の重なりを縮減する改革も行われた。つまり，役職によって給与に差が出るようなしくみに変えようとするものである。職務給原則に忠実な方向への改革だといえるだろう。

　自治体は，国の給与構造見直しに合わせるかたちでの，抜本的な

給与構造改革を迫られている。給与構造改革は，今後，年功的な昇任制度にも大きな影響を与えていくことになる。従来は，昇任昇格が給与の差に影響する度合いは少なかったが，今後は，それがかなり大きなものとなっていくのである。

　自治体の人事給与制度は，変革の時代へと大きく踏み出そうとしている。

◆引用・参考文献◆

　稲継裕昭『日本の官僚人事システム』東洋経済新報社，1996年

　稲継裕昭『人事・給与と地方自治』東洋経済新報社，2000年

　稲継裕昭『自治体の人事システム改革——ひとは「自学」で育つ』ぎょうせい，2006年

　稲継裕昭『プロ公務員を育てる人事戦略——職員採用・人事異動・職員研修・人事評価』ぎょうせい，2008年

　稲継裕昭『プロ公務員を育てる人事戦略part2——昇進制度・OJT・給与・非常勤職員』ぎょうせい，2011年

　総務省（2000年までは自治省）『地方公務員給与の実態』各年版

　村松岐夫編『公務員制度改革——英・米・独・仏の動向を踏まえて』学陽書房，2008年

自治体の政策過程

第5章

1 P県の政策サイクル

　自治体の政治のサイクルは、4年に1度の首長選挙を中心に回っている。最近ではローカル・マニフェストを掲げて選挙戦を戦い、それを次年度以降の予算に徐々に反映させて、4年間で政策をどれだけ実現できたかを誇る首長も少なくない。予算自体は、当選して新しく首長になった時点では、当該年度の予算が執行されている最中だし、当選時期によっては次年度の予算もすでにほぼ組み上がっている場合も少なくない。当該年度の予算を変更することは、ほぼ

不可能であるし，すでに組み上がっている次年度予算案を修正することも困難である。

　だが，P県の鷲本知事は違った。当選したのがX年2月，県庁内の予算はほぼ確定しており，あとは議会審議を待つだけの状態だった。しかし，鷲本が県庁に登庁して職員を相手に発した第一声は「皆さんは破産会社の従業員です」であり，すぐに次年度予算案の本格的な見直しを部下に指示した。これは，「役所の常識」ではありえないことであった。先に述べたように，通常予想される政治のサイクル，予算のサイクル，政策のサイクルからすると，次年度予算の微修正を行って，その後，鷲本がローカル・マニフェストに掲げた政策を徐々に行っていくのが常道である。実質的にはほぼ1年近くをかけて翌々年度の予算を組み，そこから本格的な「鷲本色」を出していくものである。

　ところが，実際，鷲本は，当選した日（まだ就任前）に，県債を発行することを原則禁止にする号令をかけた。これはすでに組まれていた予算をひっくり返すきっかけとなった。県債を発行せずにいかに予算編成をするのか，予算担当部署のみならず県庁内の各部署は非常に悩むことになる。鷲本は翌年度予算について1会計年度分ではなく，とりあえず，4月から7月までの3カ月の暫定予算を組むことを指示した。事務方は，12月までの9ヵ月の暫定予算を組むことを懇願したが，それを蹴って7月までと期限を切った。減債基金（公債を漸次償還していくための基金であり，一般会計・特別会計から年々一定額の資金が繰り入れられ特別に管理・運営される）からの借入禁止，借換債の増発禁止，赤字債の発行禁止，実質公債費比率が今後30年にわたって25％を超えないことなどを厳命した。これにより中長期の見通しを立てさせ，今後3年間でどれくらいの収支改善が必要かをはじき出させた。結局1年で1000億円，3年で3000億

円の収支改善が必要であるという数字が出た。「無茶苦茶な行政改革」をしないかぎり，この達成は不可能である。

だが，鷲本は，この数字を目標として，部局を横断するかたちで財政改革プロジェクト・チーム（PT）を立ち上げ，ゼロベースの見直しを指示した。第1章第1節のさまざまな見直しはそれに基づくものである。千億円収支改善を至上命題とし，人件費削減，退職金削減にまで踏み込んだ。自らの給与・ボーナスも30％減らし，退職金は50％削減し，知事交際費も廃止した。6月に再建案をまとめ，7月議会でそれが認められた。

これらの政策過程は，従来の役所の常識を根底から覆すものであった。もちろん賛否両論が渦巻いた。しかし，結果として，翌年度から黒字予算，黒字決算となり，減債基金への返済も始まり，3年後にはこれまで10億円程度の基金しかなかったところに，700億円の積み立てをすることも可能となった。このことをどう評価するか。弱者切り捨て，市町村イジメ，公務員イジメという声もある一方で，財政危機からの救世主とみる県民もいる。

従来の政策過程をぶち壊した鷲本知事の行動についての評価は，後の世代が行うことになるだろう。

＊　＊　＊

自治体の活動は，さまざまなサイクルに基づいて遂行されている。政治のサイクル，予算のサイクル，そのほかの政策ごとのサイクルなどである。4年ごとに行われる首長選挙が，政治のサイクルとしては最も大きな影響を自治体の活動に与える。予算編成は1年ごとのサイクルであるが，ある年度の予算はその前年度から計画が進められている。政策のサイクルは，一定の流れに沿って進む。本章ではこれら，自治体の政策過程について見てみよう。

2　自治体の活動と政策サイクル

　自治体の活動にはさまざまなものがあるが，自治体現場で職員が従事する業務の側面から自治体の活動を見た場合，ルーティン業務かつ裁量の余地の少ない事務がかなりの割合を占める。

ルーティン業務と非ルーティン業務

　自治体の職員には，毎年ほとんど業務変更のない仕事に従事している人が少なくない。市民課での戸籍謄抄本や住民票写しの申請受付・発行事務のような窓口業務，保育課での保育所の運営や入園受付の業務，道路管理課での市道の維持管理の業務，水道課での水道料金の徴収業務などは，大幅に制度変更がなされることはめったにない。本書の冒頭で，高校生のA君の1日の生活を見たが，ここで関係している地方公務員の人々は，大部分が年間を通してほぼ同じ業務に従事しているように見える。

　これらのいわゆるルーティン業務の場合には，それぞれの業務ごとの特性により，繁忙期・閑散期があり，また，予算の執行の計画がある。概ね1年間の予算・会計サイクルの中で，それらが回っていくことになる。職員はその1年間の業務の流れに従って，日々の業務をこなしていくことになる。

　先に見た通常の業務以外に，国の政策変更によってそれに対応しなければならなくなったときや，突発的な事件・事故が起こった場合などには，これらの部署でも非ルーティンの業務がさまざまに発生することになる。例えば，定額給付金の支給や子ども手当の支給を，政府が決定し国会で予算関連法案が可決された場合には，その実際の支給事務は各市町村で行うことになる。このような新たな業

務が（市町村にすれば）「降ってわいてきた」場合には，その対応に追われることになる。政府決定があっても，国会での可決が微妙な時期にはなおさら，事務システムをどうするか，執行体制をどう組むか，自治体の側ではいろいろ頭を悩ますことになる。

突発的な事件や事故の発生とそれへの対応も，ルーティン業務に慣れ親しんだ職員にとっては，非常に大きな負担となってのしかかってくる。

それ以外にも，例えば，水道料金の徴収の場合，料金体系に大幅な変更があったときは，コンピュータ・電算システムの変更や，各家庭への通知などの新たな業務が増えることになる。住民票窓口を市場化テスト（第7章参照）にかけたり，窓口業務の多くを民間委託したりするなどの制度変更があった場合にも，大幅にシステムを変えることになる。

自治事務と法定受託事務

第3章第2節でふれたように，1999（平成11）年の地方分権一括法（2000年施行）は，自治体の処理する事務を，自治事務と法定受託事務の2種類に分類した。それまでの機関委任事務◆は，この改正法によって廃止された。

自治事務と法定受託事務を区分する基準は，もともとの事務の性格と，事務に関する国の関与度合いにある。わかりやすく定義すると，**自治事務**は，自治体本来の事務をその自治体が実施するもの（自分の仕事を自分で行う），**法定受託事務**は，国またはほかの自治体

◆用語解説
機関委任事務　国の仕事について，知事などを手足のように使い，機関として委任していた事務。条例は制定できず，議会の関与もきわめて限定されていた。

2　自治体の活動と政策サイクル

の事務を別の自治体が代わって実施するもの（他人の仕事を自分で行う）ということができるだろう。

すでに述べたように（58頁参照），法定受託事務の例として，パスポートの発給業務，市町村の選挙管理委員会が衆議院議員選挙を執行する場合などが挙げられる。国政選挙の場合には，「国会議員の選挙等の執行経費の基準に関する法律」によって必要とされる経費が，国から市町村に交付される。選挙の執行方法についても，細かい基準が総務省から通知されて，自治体はそれに従わなければならない。この場合，自治体側の裁量の余地はきわめて少なくなる。せいぜい投票を呼び掛ける広報・啓発活動をどのように行うかくらいのものであろう。あとは，国が決めたスケジュール通りに，その手順に従って粛々と事務を執行しなければならない。参議院議員選挙については，3年に1度定期的に行われるが，衆議院議員選挙については，いつ解散が行われるかがわからず，年間のスケジュールを自治体の側であらかじめ組むことは困難である。国の側の事情により，繁閑の時期が大きく左右される。

自治事務は，それが適切に執行されない場合の効果から考えて，大きく2つに分けることができる。

1つは，関係法令に基づいて自治体が行っている自治事務である。例としては，住民基本台帳法に基づく住民登録の事務は自治事務であるが，全国的な統一性をもたせる必要から，法律でさまざまな規定がなされている。これに従わずにずさんな住民登録の管理を行って二重登録が頻発すると好ましくないので，こういった場合には，法律を所管している大臣は，「事務の処理が法令の規定に違反していると認めるとき，又は著しく適正を欠き，かつ，明らかに公益を害していると認めるとき」は，都道府県に対して「違反の是正又は改善のため必要な措置を講ずべきことを当該市町村に求めるよう指

示をすること」を求めることができ，当該市町村は必要な措置を講じなければならないと規定されている（地方自治法245条の5）。いわば，大臣は忠告，助言を行い，自治体はこれを聴くという関係にある。

　このように自治事務といっても，関係法令に基づいて行われている場合は，所管大臣の実質的な「見張り」を受けていることになる。もっとも，このような忠告や助言に従わなくても，罰則などで強制したり，国が代わって執行したりすることはできない。自治体の事務であるので，最終的には住民の事務監査請求や，議会，マスメディアのチェック機能に依拠することになる。

　もう1つは，関係法令がなく，自治体独自で行っている事務である。この場合は，国や大臣の指示を受けない。例として地域おこしのために自治体独自で行っている事業や，自治基本条例や市民協働条例の制定といったようなものである。この場合には，所管大臣がいるわけではないので，自治体が自由に裁量をもって行える。もちろん，この場合も，住民や議会，マスメディアのチェックを受けることはいうまでもない。

政治のサイクルと自治体の活動

　自治体が行う活動を時間軸で見た場合，それは何種類かのサイクルに基づいて遂行されていることが鳥瞰できる。

　4年ごとに行われる選挙のサイクル，1年単位で編成される予算・会計のサイクル，10年を1つの区切りとして策定される総合計画の基本計画と，それを3年程度にわけた実施計画のサイクルなどである。

　自治体の活動全体を考えるに際して基本となるのは，4年ごとの選挙を区切りとする政治のサイクルである。日本国憲法93条2項

では、自治体の首長と議会議員は住民の直接選挙で選出されることになっている。それぞれの任期は4年と定められている（地方自治法93条、140条）。首長や議員の活動は、任期の4年を終える直前に行われる次の選挙で評価され、再選されたり、落選したりするので、任期を1つの節目ととらえて行動していると考えられる。

第二次世界大戦前は、都道府県知事は官選（内務省の役人がローテーションで務める）だったが、戦後初めて、知事も住民が直接選挙で選ぶことになった。1947（昭和22）年4月に、初めての統一地方選挙が施行され、全国すべての都道府県・市町村で、首長と議会議員の選挙がいっせいに行われた。だが、その後、首長が任期途中で病気やそのほかの理由で退任したり、議会が解散したり、市町村合併が行われたりするなどといった事情で、徐々に選挙の時期がずれてきた。

2007（平成19）年に行われた統一地方選挙の際には、47都道府県知事のうち13知事選（28％）が、47都道府県議会議員選挙のうち44議会議員選（94％）が行われ、政令市では17のうち3市長選（17％）と14議会議員選（82％）が、政令市以外の一般市では765市のうち95市長選（12％）と309議会議員選（40％）が実施された。2011年の統一地方選挙では、都道府県レベルで12知事選（25％）、41議会議員選（87％）、政令市で5市長選（26％）、15議会議員選挙（79％）、一般市で88市長選（11％）、293議会議員選（38％）が実施された。同年3月11日に起こった東日本大震災の影響で、被災地域の選挙日程が大きくずらされた（表5-1内の（ ）が延期された数）。

また、同じ自治体の中でも、首長選挙と議会議員選挙が異なる時期に行われる場合もめずらしくなくなっている。個々の自治体によって、首長選挙のサイクルと議会議員選挙のサイクルがずれる場合があるものの、自治体の活動はこれらの選挙の間の4年を1つのサ

図 5-1 統一地方選挙のイメージ

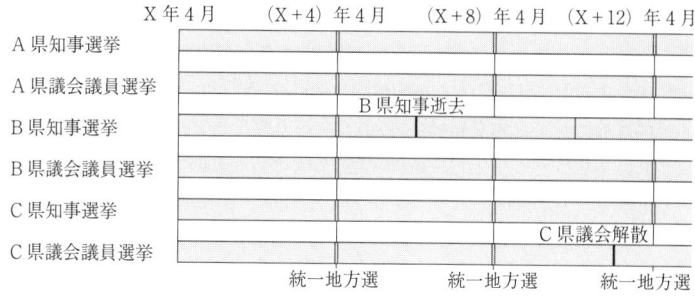

	X 年 4 月	(X+4) 年 4 月	(X+8) 年 4 月	(X+12) 年 4 月
A 県知事選挙				
A 県議会議員選挙				
B 県知事選挙		B 県知事逝去		
B 県議会議員選挙				
C 県知事選挙				
C 県議会議員選挙			C 県議会解散	
		統一地方選	統一地方選	統一地方選

［出所］　筆者作成。

表 5-1　2011 年統一地方選挙時の選挙実施割合（2011 年 4 月 1 日時点）

区分	都道府県		指定都市		指定都市以外の市		特別区		町村		小計		合計
	長	議会	長	議会	長	議会	長	議会	長	議会	長	議会	
団体数 (A)	47		19		767		23		938		1,794		1,794
特例法第 1 条の規定により改選を行う予定の団体数 (B)	12 (1)	41 (3)	5	15 (1)	88 (3)	293 (14)	13	21	121 (12)	374 (26)	239 (16)	744 (44)	983 (60)
統一率 (%)	25.53	87.23	26.32	78.95	11.47	38.20	56.52	91.30	12.90	39.87	13.32	41.47	27.40
前回（平成 19 年 4 月）執行団体数	13	44	3	14	95	309	13	21	156	448	280	836	29.78

［注］　（　）内の数値は，平成 23 年東北地方太平洋沖地震にともなう地方公共団体の議会の議員および長の選挙期日等の臨時特例に関する法律にもとづき，選挙期日が延期されることとなった団体数で外書きである。

「統一率計」の 27.40％ は，次の算式によるものである。

$$\frac{983（統一地方選挙執行予定団体数）}{1,794（団体数）\times 2} \times 100（\%）$$

［出所］　総務省自治行政局選挙部。

イクルとして政治的に動いていると考えることができるだろう。

　首長の影響力は絶大である。ある自治体で新しい首長が選出され

2　自治体の活動と政策サイクル

Column ⑥ ローカル・マニフェスト

マニフェスト（政権公約・政策綱領）は，政党や政治家が自らの主張をまとめた公約集である。日本では2003年4月の統一地方選挙で，ローカル・マニフェスト（自治体の首長が掲げるマニフェスト）を公表して選挙に臨んだ知事候補14名中6名が当選したことから，急速に注目を浴びるようになった。従来の選挙公約と異なるのは，候補者が考える当該地域の将来像を示し，政策目標，達成時期，財源を示すことである，とされる。日本でのマニフェスト普及の提案者である北川正恭（当時三重県知事）は，「従来の選挙公約はあれもやります，これもやります式の『ウィッシュリスト（願望集）』であったために，選挙は具体的な政策をめぐる選択にならないし，当選後はそれを守ったかどうかを点検されることもないため，本当の民主政治になっていない」として，具体的な数値目標と期限，財源を明記した政策を「マニフェスト」として提示することを呼び掛けた（2003年1月，「シンポジウム三重」における『マニフェスト宣言』）。

その後，マニフェストへの関心が急速に高まり，2003年11月の衆議院議員選挙では，各政党がマニフェストを掲げて選挙を行うまでにいたっている。1月に北川が呼びかけ，4月の統一地方選挙で始められたマニフェスト運動が，11月には国政をも動かしたのである。「マニフェス

た場合，前の首長の路線を引き継ぐか，その一部を変更するか，抜本的に改めるかによって，当該自治体のその後の政策が大きく左右されることになる。とりわけ，自治事務のうち自治体独自で行っている事務については，首長の思いが色濃く出てくることになる。

新しい首長の最初の課題は，副知事や副市町村長などの特別職と呼ばれる幹部の人選である。これらの特別職は，議会の同意人事となっているため（地方自治法162条），人選について議会の合意をとりつけられるかどうかが，その後の対議会での行政運営をスムーズ

ト」は2003年の流行語大賞にもなっている。

　他方，ローカル・マニフェストを掲げて当選した首長たちは，その後，その実現方策を探ることになる。知事と各部長との間で1年間の達成目標について契約を行う「政策合意」のしくみを導入した福井県の例や，マニフェストをふまえた総合計画策定に取り組んだ神奈川県の例，マニフェストの目標管理を行う組織として政策検討会議を設置した佐賀県の例など，その取り組みは多様である。また，ローカル・マニフェストはその達成度について評価・検証を受けることになる。知事自身による自己評価を行った自治体もあれば，第三者機関を立ち上げてマニフェストの進捗評価をしてもらうようなしくみをつくっている自治体もある。

　その後の首長選挙においても，多くの候補者がローカル・マニフェストを掲げて選挙戦を戦っており，日本においては，定着しつつあるように考えられる。

　ただ，本家本元とされるイギリスにおいては，日本のような首長選挙が行われる例はめずらしく（大部分は二元代表制ではなく議会内閣制），国政において定着しているものであること，また，その場合でも日本ほど細かく数値目標を示してはいないことなど，日本のマニフェストは日本独自の展開であるという指摘もある。

に進めることができるかどうかのメルクマール（判断基準）となる。議会の多数会派が擁立した首長候補が敗れ，対立候補が当選した場合に，同意人事でもつれるケースが少なくない。

　特別職同意人事と同じく重要なのは，予算編成である。ただ，予算の編成サイクルを考えると，すでに執行が始まっている予算を大幅に組み替えることは困難であり，通常は，翌年度の予算編成から新首長の個性を発揮するものになることが多い。しかしながら，補正予算などを組むことによって，ローカル・マニフェストで謳った

表 5-2　予算サイクル

	X−1 年度	X 年度	X+1 年度
X−1 年度予算	執行	決算	
X 年度予算	作成 (予算編成)	執行	決算
X+1 年度予算		作成 (予算編成)	執行

［出所］　筆者作成。

政策を首長が実施しようとすることも少なくはない。

　予算編成プロセスについては、第1章第3節でふれたが、首長の指揮命令下での予算編成プロセスに、議会の関与が入ってくることになる。日本の自治体では、予算を提案できるのは首長だけで、議会には予算提案権はない。また、議会において予算の増額修正は可能であるが、予算提出の権限を侵すような修正はできないことになっている。しかしながら、首長から提出された予算案について、議会ではさまざまな角度からの質問が、本会議や予算委員会、各常任委員会で繰り広げられることになる。従来の地方自治法には、議会に関して年4回以内の定例会を開催するという規定が置かれていたため(2004年の改正により「毎年、条例で定める回数」〈102条〉となった)、現在でも4回程度の議会開催が多い。5、6月の議会は短く、議長や副議長といった役員の選任が主たる議題となる。9、10月の議会は、決算議会と呼ばれることが多く、前年度に執行された支出の決算を認定することになる。その際、支出の適正などについて首長側との激しいやりとりがなされることもある。11、12月の議会では、補正予算(従来は公務員の給与改定が主要な議題だった)や条例の審議が行われる。2、3月の議会は予算議会とも呼ばれ、先に述べた

ような予算審議がなされる。また，この議会の冒頭では首長が予算編成などに関する施政方針演説を行って，議会の各会派も代表質問をぶつけて首長の基本姿勢を問うのが通例である。

X年度（4月1日から翌年3月31日）に首長と議会が予算に関して行っていることを整理すると次のようになる。まず，X年度の予算執行が行われている。これは首長の執行権限に基づいて行われる。また，X+1年度の予算編成作業が行われている。首長のもとで夏ごろから予算編成をして1月に予算案を作成した後，2，3月の予算議会で審議されることになる。さらに，X-1年度の決算が行われている。これは4月から始まり，9，10月議会で決算の認定を受けることになる。

このように，ある年度を取り上げてみても，X年度の執行，X+1年度の予算編成，X-1年度の決算が並行して行われていることがわかる。

3 政策サイクル

ここまで使ってきた「政策」という用語は，日常的にさまざまな場面で使われており，定義も一致していない。教科書的には，「公共的な課題を解決するための活動の方針であって，目的・手段の体系をなすもの」（礒崎ほか，2011，88頁），公共政策とは「社会が抱えるさまざまな政策問題（公共的問題）を解決するための，解決の方向性と具体的な手段」（秋吉ほか，2010，5頁），などと定義されている。

行政活動を円滑に実施するためには，そのためのシナリオ・設計図が必要である。ここでは政策の意味を単純化して，このシナリオのことを広義の政策と呼ぶこととしよう。ここには，施策や事務事

図 5-2 政策・施策・事務事業のツリー図

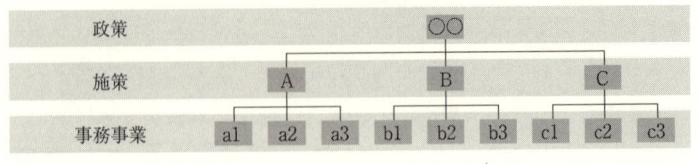

```
政策                        ○○
                    ┌────────┼────────┐
施策                A        B        C
                  ┌─┼─┐    ┌─┼─┐    ┌─┼─┐
事務事業          a1 a2 a3  b1 b2 b3  c1 c2 c3
```

［出所］ 筆者作成。

業を含めて考えている。

　これに対して，政策を狭義でとらえ，政策・施策・事務事業の階層性を前提にしつつ，（政策〈狭義〉とは）「特定の行政課題に対応するための基本的な方針の実現を目的とする行政活動の大きなまとまり」を指すものとする考え方がある。ここで**施策**とは，「『基本的な方針』に基づく具体的な方針の実現を目的とする行政活動のまとまり」を，**事務事業**とは，「『具体的な方策や対策』を具現化するための個々の行政手段としての事務および事業であり，行政活動の基礎的な単位となるもの」のことを指すことになる（総務省「政策評価に関する標準的ガイドライン」）。これらの「政策（狭義）」，「施策」および「事務事業」は，一般に，相互に目的と手段の関係を保ちながら，全体として１つの体系を形成しているものととらえることができる。

　自治体と政策のかかわりを考える場合，政治のサイクルや予算のサイクルのほかに，政策そのものに着目したサイクルを考えることができる。経営学でよく使われるような，PDS (Plan → Do → See) サイクルや，PDCA (Plan → Do → Check → Action) サイクルなども考えられるだろうし，それをさらに細分化することも可能である。

　ここでは，一般的な行政学の考え方に依拠して，次の５段階にわけて見ていこう。

①課題設定→②選択肢の提示（政策立案）→③政策決定→④政策執行→⑤政策評価

　政策のプロセスの始まりは，**課題設定**である。社会に存在する多種多様な問題のうち，政策として取り上げるものをまず選び取る段階，自治体が解決すべき問題の発見の段階である。ルーティン業務を遂行する中で行政職員が発見する場合もあれば，議会で議員の質問によって取り上げられる場合もある。また，首長がローカル・マニフェストを遂行することがきっかけとなる場合や，マスメディアがとりあげることによって争点形成をする場合もあるだろう。最後の点は，特に，地元紙や地元のテレビ局などがなんらかの特集を組んだり，ほかの自治体との比較を行ったりした場合の影響が少なくない。

　第2の段階は，課題設定によって決まった「対処すべき問題」について，その解決策の**選択肢を提示**する段階である。自治体の行政活動に関しては，選択肢を提示するのは，首長の部下である行政職員である場合が多い。もっとも，当該担当部署が自由に選択肢を作成できる場合は必ずしも多くなく，国の法令や，関連する政策との整合性，首長の施政方針などとの整合性を考えて選択肢を練り上げていくことになる。また，新たな課題の発生に対応して既存の政策を微修正するといった場合も多い。なお，選択肢の提示において，外部の有識者からなる審議会や懇談会の提言を受けたり，専門家の意見を聴取したりする場合もある。さらには，この段階で市民を巻き込む場合も増えてきた（第8章参照）。

　第3の段階は，提示された選択肢の中から自治体の**政策**として正式に**決定**する段階である。正式決定は，問題の性質により，議会の議決（条例，基本構想など）が必要な場合もあれば，首長の決裁で決

定する場合，さらには，専決規程によって部局長が最終決裁権者となる軽微な政策決定の場合もある。選択肢の中から選択して決定すると書いたが，実質的にはそれに先行して選択肢の幅が狭められることも多く，選択の余地のない場合もある。後者の例としては，住民投票により住民の圧倒的多数の意思が示されていたり，選挙の争点になっていたりする場合が挙げられる。

　第4の段階は，決定された**政策を執行する**段階である。政策決定の段階では，細部についてまで決定されていないことが多く，詳細については，現場の裁量に任されていることも多い。また，議会が条例で定めたものについて，首長の権限で細部を決め，さらにその下位の機関にもっと細かいところを決める権限を与える場合も多い。従来の研究は，政策決定の段階に注目するものが多かったが，実際の自治体の行政活動を見ると，この政策執行の段階について，目配りすることも必要である。実質的に決定者の意図とは異なる政策実施となる可能性があるからである。

　最後の第5段階で，実施された政策が予定された目的を達成したのか，また効果があったのかを検討する。実施された政策にある程度の効果があったものの，不十分だと評価された場合は，また新たな政策立案のヒントとなることになる。つまり，**政策評価**によって問題が発見されれば，それが次なる課題設定となるというのが，理想的な政策サイクルである。ただ，現実には，実施された政策は，きちんと評価されることなく放置される場合が多い。

4 政策変更・新規政策の引き金となるもの

政策の窓

キングダンは，アメリカ合衆国連邦政府の政策過程の事例分析

(健康保険と交通政策)を通じて「政策の窓」モデルを提示した(Kingdon,1984)。多くの問題の中からある問題が課題(アジェンダ)として浮上するのはなぜか,特定の政策が選択されるのはなぜかが,彼の問いである。彼は,「問題の流れ(problem stream)」「政策の流れ(policy stream)」「政治の流れ(political stream)」の3つが「合流(coupling)」するとき,「政策の窓(policy window)」が開かれ,特定の問題が浮上し,政策が選択されるとしている。

「問題の流れ」において,多くの問題の中から特定の問題が政策決定者の注意をひきつけるのは,社会的指標(indicators)の公表,突発事故・事件の発生,既存の政府計画の失敗が認知されたことなどによってである。

「政策の流れ」では,さまざまな可能性のある多くのアイデアの中から特定のアイデアが互いにぶつかったり組み替えあったりしながら,最終的に真剣に考慮される少数に絞られていく。議員や官僚,利益団体,研究者集団,一般国民など担い手は広く,政策案についてのアイデアが,これらの人々の間に浮遊している状態を,彼は「原始スープ(primeval soup)」(生命が生まれる前の分子の浮遊状態)になぞらえる。この中で活動するのは,さまざまな「専門家集団(policy community)」である。浮遊状態の中でアイデアが生き残る条件としては,実現可能性,政策コミュニティの構成員の価値意識との整合性,予算や大衆による承認などの制約を乗り越えること,などがある。

「政治の流れ」は,国民のムード・時代の雰囲気,組織された政治的な力,政府内部のエリートの動きなどによって形成される。

これら3つの流れが,政策実現に向けて同時に成熟するという幸運に恵まれたとき,それらが合流(coupling)して,政策実現の可能性が開かれる。3つの流れの領域を泳ぎながらカップリングの役

割を主体的に演じるアクター（行為主体）が政策企業家（policy entrepreneur）である。政策企業家は，自らの時間，エネルギー，名声，財力を投じて，問題に政策案を結び付け，それに政治的な推進力を与える。問題が認識され，解決策となる政策がすでに準備されていて，政治的風潮としても変化の機が熟しており，しかも制約が少ない時期が訪れる。このような時期に，緊急を要する問題の発生，政権交代，議会内の勢力分布の変化，国全体の雰囲気など「政治の流れ」の中で生じた出来事を契機(けいき)としてカップリングが生じて「政策の窓」が開くとされる。

個別自治体への適用

　個別自治体の政策でも，これら3つの流れを見ることは有益である。なんらかの政策課題が浮上する。例えばA市で，保育園の待機児童が増加傾向にあるなどの問題の流れがあった場合を考えてみよう。政策の流れは，ほかの自治体ですでに始まっている政策が波及する場合が多い（**政策波及**）。この問題への取り組みの先駆者である江戸川区では「保育ママ」という制度を始めた。これは，保育所に入所できない主に3歳未満の児童を，保育者の居宅などで保育する通所施設である。もともと，国の要綱で，昼間里親事業として名づけられていたものであるが，事業名としてわかりづらく普及はいまひとつであった。これを「保育ママ」と名づけ，江戸川区では子育て支援の重要事業として取り組んだ。これがほかの自治体に波及していくことになる。政治の流れとしては，待機児童解消をローカル・マニフェストで公約した首長が当選するといったことや，議会で待機児童問題が頻繁にとりあげられ首長としてもそれに取り組まざるをえなくなること，などの流れが考えられる。このような3つの流れが合流し，ちょうどそこに，保育ママ制度を進める非営利団

体（NPO）などが活動していたりすると，政策の窓が開き，一気にA市での待機児童解消に向けた保育ママ制度の導入が進むことになる。

日本全体への適用

さて，より大規模な地方自治問題について，キングダンのモデルを基に考えてみよう。1990年代に中央で分権改革が進められている間，地方行政の現場においても大きな変化が見られた。情報公開，住民参加，住民投票，事務事業評価など1つ1つがかなりの変化量となるさまざまなサブ・リフォームが大きなうねりとなって自治体を取り巻いていった。日本の地方レベルのガバナンスにおいては，さまざまなサブ・リフォームが，90年代に一挙に多拠点で始まったと考えられる。なぜ，90年代にこれらのサブ・リフォームが噴出したのだろうか。

まず，問題の流れについて見ると，①政府や各自治体の指標，特に財政指標や少子高齢化に関する指標の公表，②公金不正支出事件（カラ出張や水増し請求，外郭団体を通した飲食費の捻出）や首長の汚職などについての地元紙などによる徹底的な追求，③従来の自治体行政施策のうち失敗に終わったもの（例えば第3セクターによる地域開発や管理運営費が莫大なはこ物を作り続けたことなど）の顕在化，そして何より④財政悪化の深刻化，などの諸事態が1990年代に入ってから地方レベルで噴出し，政策決定者が現状改革の必要性を強く認識するようになったことが挙げられるだろう。

解決策としての政策案は，第2次臨調以来の財政問題への対処としての政策案がまずあった。職員定数削減や業務の民間委託などのリストラ行革などは，その典型である。自治省やシンクタンクから示される場合もあったが，そのほかの多様な政策代替案の多くは，

先進的な自治体が多拠点で先行実施していた。それらの実践は，自治体間の会議において，地方紙において，地方自治専門雑誌において，さらにはコンサルタントによって，次第に紹介されるようになっていった。1990年代後半以降，インターネットが普及するにつれて，情報の伝達速度も加速していった。また，霞が関官僚の間で，中小自治体からよい政策を拾い上げてくることが半ば競争になりつつあったことも挙げられるだろう。政策案についてのアイデアはこれらの人々の間に「原始スープ」として浮遊していた。専門家集団としては，リストラを専門にする人たち，情報公開の運動を展開する集団，住民参加についての連帯を図ろうとするNPO，NPM的な行政改革手法を展開して商品化していこうとするコンサルタント会社など，分野ごとに数多くのものができあがっていった。

政治の流れについて考えると，地方レベルでは，汚職で退陣した首長の後，新しいタイプの首長が登場したことが1つの画期的な出来事であった。1991年，1995年の統一地方選挙で誕生した新しいタイプの知事が頻繁にマスメディアに登場するようになっていった。また，国民のムードも，バブル崩壊後，政府に対して大変厳しくなっていく。地方行革は地方政治の重要なアジェンダとなっていた。そして，国政レベルでは，やはり1993年の自民党政権の崩壊，非自民の細川連立政権の誕生と，それに続く政治改革・選挙制度改革が，地方分権一括法成立までの一連の過程の大きな引き金となっている（第3章第5節参照）。

これらの3つの流れがカップリングして，1990年代に政策の窓が開き，地方において種々のガバナンス改革が同時多発的に，多拠点で始まったと考えることができるのではないだろうか。そしてそれは，「包括的」と呼ぶことができるほどの，大きなエネルギーをもったものとなっているといえるだろう。すでに述べた問題の流れ，

政策の流れ,政治の流れがカップリングして政策の窓が開いたことによって,「多元的エネルギーの結集によって多数の旧システムの拠点を同時にあるいは連続的に攻撃することによる改革」が始まったと考えることができる。1990年代の地方レベルにおけるガバナンスの改革は包括的なガバナンス改革と総括することができる(村松・稲継, 2003, 第12章)。

◆引用・参考文献◆

秋吉貴雄・伊藤修一郎・北山俊哉『公共政策学の基礎』有斐閣ブックス, 2010年

天川晃・稲継裕昭『自治体と政策――その実態と分析』放送大学教育振興社, 2009年

礒崎初仁・金井利之・伊藤正次『ホーンブック地方自治〔改訂版〕』北樹出版, 2011年

北川正恭『マニフェスト革命――自立した地方政府をつくるために』ぎょうせい, 2006年

松沢成文『実践 ザ・ローカルマニフェスト』東信堂, 2005年

松本英昭『要説 地方自治法―新地方自治制度の全容〔第六次改訂版〕』ぎょうせい, 2009年

村松岐夫・稲継裕昭編『包括的地方自治ガバナンス改革』(経済政策分析シリーズ5)東洋経済新報社, 2003年

Kingdon, John, W. *Agendas, Alternatives, and Public Policies*, 2nd ed. HarperCollins College Publishers, 1995

自治体の組織

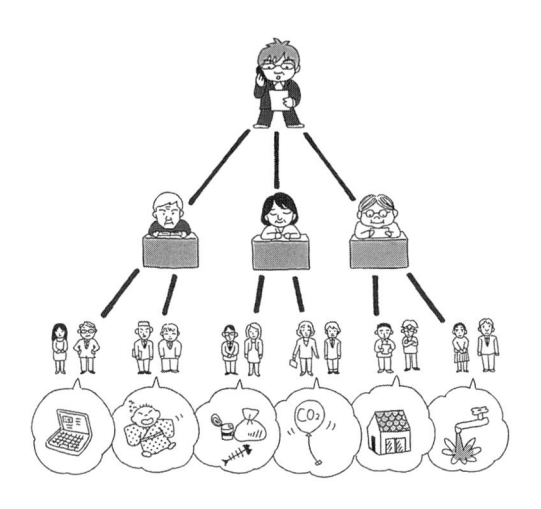

第**6**章

1 P県の組織と鷲本知事

　P県の戦略会議に出席した鷲本知事はいらついていた。──どうして，こんなに長々と説明が続くんだ。なんだってこんな分厚い説明資料なんだ。しかもジャーゴン（専門用語・業界用語）がいっぱい入っているし，一般県民にこの資料を見せて理解しろという方が無理なんじゃないか。──

　突如，彼は立ち上がった。「みなさん，もういいです。今日の説明はなかったことにしてください。週明けにもう一度機会をつくり

ます。その時は、1つの課題について1枚の資料で、しかも、県民にわかりやすい言葉で説明をお願いします」。そして、鷲本は会議室を後にした。

会議室に残されたP県の幹部たちは、あっけにとられて、お互いに顔を見合わせていた。「うちの部の課題はどれも大きいものばかりで、1枚で説明しろというのは土台無理な話だよ。どうすりゃいいんだ」「うちだってそうだ。専門用語を使わずに説明するのは至難の業(わざ)だ」。ためいきをついた幹部たちは、三々五々会議室を後にしていった。

P県知事に鷲本が就任してからは、従来のものとは大きく異なる意思決定がなされるようになった。いわゆる幹部たちを集めた戦略会議で、P県全体にかかわる重要な意思決定を行う。この場で、各部長は、担当する課題についての説明を行い、知事の意向を中心として、最終的な意思決定がなされることになっている。

前知事の時代まで、P県での意思決定の多くはボトムアップが当たり前だった。各部署の担当係で描かれた政策原案は、上の階層まで順に上っていき、最終的には課長(あるいは部長)の印が押されると、事実上決定となる。副知事や知事へはそれを報告するようなかたちが多かった。口頭での了承をとるようなイメージであり、それが事実上の決裁となっていた。知事決裁の段階でひっくり返るようなことは、まずありえなかった。もとより、各課の業務は県のみで自己完結的に行えるものばかりではない。国の関係省庁と緊密な連携をとりながら、場合によっては指示を仰ぎながら、政策原案を練り上げていく。ボトムアップの意思決定の各所において、関係機関や県庁内の関係部局とも相談をしたうえで、原案を練り上げてきた。職員はそのような政策形成の手法に慣れ、それが長年染み付いてきたのである。基本は前年踏襲で、漸増主義(インクリメンタリズ

ム),つまり前年をベースに微増または微減を考える。国の省庁から新しい政策が提案され関連する予算がついて補助金などが発表されると,それを使った施策を担当係・担当課で考えて事実上決めることが多かった。第5章第3節で政策過程についてふれたが,政策立案や政策執行のみならず,政策決定まで,事実上担当課で行うことが多かったのである。

しかし,鷲本知事は,政治の役割と行政の役割を明確に分けることを求めた。政策決定は政治,すなわち知事の役割,他方,政策執行および選択肢の提示は行政の役割ということをしつこく繰り返した。P県全体の戦略を知事が決定し,そこから政策を下におろしていくかたちで,基本的な方向性を定める。各担当課はその基本戦略にのっとった政策案をつくらないと,最終的には知事のところで駄目出しに合ってしまう。各部局,各担当課は,戦略会議で議論されたことを,じっくりと咀嚼したうえで,自らの業務にそれを当てはめて考えるようになってきた。

＊　＊　＊

日本の地方自治法には,首長と議会の関係,首長を補佐する副知事・副市長,各種委員会などの規定が数多く置かれている。しかし,これらのトップやそれに準じる職だけでは,自治体が抱える日々の膨大な業務を遂行することは到底不可能である。フランスの小さなコミューンの場合には,数名のスタッフだけで業務を行っている場合も見られるが,日本の自治体が担当する業務はきわめて幅広く,その量も多い。財政の章(第1章)でも見たように,政府全体の財政の約7割は自治体で支出され多種多様な業務に充てられており,そこに従事する職員の数も280万人にのぼる。本章では,首長を支え自治体の業務を遂行する行政組織について考える。

2　自治体の組織

　まず，本節では日本の自治体の組織について考える。日本の地方自治は，イギリスなどの制限列挙主義とは異なり，地域における事務を幅広く担うことができるとする概括例示主義を採用してきた。**制限列挙主義**では，自治体の行うことのできる仕事の内容を，法律で細かく列挙し，掲げられたこと以外の仕事を行うと法律違反となる。これに対して，**概括例示主義**の場合は，例示された以外の仕事を行うことも（他の法律に反しないかぎり）可能である。それゆえ，首長の下にどのような行政組織編成をして，どのような業務を行うかという点については，本来，各自治体に自由に任せてもよい。日本の市町村レベルでは，比較的自由な組織編成がなされてきたが，都道府県レベルの組織編成に関しては，長い間，中央政府の縛りが強かった。本節ではまず，その経緯を見た後，行政組織の具体例を示す。その後，職務階層についての全国的な傾向を示したうえで，最近の新しい動向についてふれる。

自治組織権と都道府県の組織

　都道府県の行政組織編成は，長年，中央省庁の強い統制下にあった。制定当初（1947年5月）の地方自治法158条の規定では，都と道府県を分け，後者については，総務，民生，教育，経済，農地，警察の6部の体制をとるよう法定されていた（1947年11月に土木を加えて7部体制）。これは戦前の地方官官制（1886年に制定された「地方官庁における組織および機関に関する基本法」）を引き継いだものであるが，都道府県への機関委任事務を通じて国の標準的行政サービスを行き渡らせるために，都道府県という自治体の内部組織を法律で

定めることにしたものである。戦後,都道府県知事は公選となったが,国の機関としての役割も担わされたため,その自治組織権はかなり制約されていた。

その後,この規定は何度か改正され,1956(昭和31)年には人口段階別に標準的な局部の例を示し,それに準じて各都道府県が定めることができるようになった。しかし,局部の増設については,あらかじめ内閣総理大臣に協議しなければならないとされており,国の強い統制下にあったことは変わりない。そのため,全国的にほぼ同一名称の部が置かれ,その数も横並びであった。

この規定が設けられている理由として,自治省(現総務省)は,①府県は自治体と国の機関の二重の性格をもち,国およびほかの都道府県との権衡を重視する必要があること,②中央省庁からの各省ごとの組織膨張の介入を阻止して,簡素合理化を促進する必要があること(つまり外部からの圧力を排除する),などを挙げていた。しかしながら,学界からは,自治組織権の侵害であると非難されてきた。

自らどのような組織編制をしうるかは,自治の重要な指標である。アメリカにおいて19世紀後半以降,自治の要求としてのホームルール運動が展開された。ホームルールを認められた自治体にあっては,地域住民が固有の憲章(自治憲章=ホームルール憲章)を採択することができるが,この自治憲章制定を通じて,自治体は自らの存立を保障し,権限を定め,そして組織を編成することができる。いかなる形態の政府とすべきか,どのような部局を設置するのかなどについて,州政府の許可を得ることなく自ら決定できる。これは自治の権能のうち,きわめて重要なものだとされる。

日本においては,戦前の地方官官制という国の法律による地方組織の規定の呪縛から解放されたにもかかわらず,戦後長い間,**標準**

Column ⑦　福井県の観光営業部，恐竜博物館

　福井県では，2009年，全国の都道府県では初めて「営業」と名のついた「観光営業部」を新設した。民間企業とのコラボレーションを含め，さまざまな売り込み活動を行うことを「営業」と称している。観光営業部には，4つの課が置かれ，本庁，出先機関を合わせて総勢62名の職員が新しい部に所属することとなった。

　この部がビジネスをする中核の活動スタイルは「行政営業」である。例えば，ブランド営業課の職員が，福井藩主松平春嶽（まつだいらしゅんがく）の側近（中根雪江）が残した日誌（奉答紀事）の現代語訳を風呂敷に包んで，東京在住の小説家を訪問する。そこで戦国や幕末の福井を舞台とする歴史小説を書いてもらいたいと粘り強く依頼し，その結果，地元新聞に小説「家康の子」が連載されることになった。

　ブランド営業課の中に，恐竜博物館が組織上位置づけられている。福井県勝山市では全国の恐竜化石の8割以上が発掘されており，また福井県は世界最大級の恐竜専門博物館を有していて，入場者も年間50万人を超えているが，恐竜と福井が結び付く人はまだ多くない。そこで，福井県としては，恐竜を福井ブランドの先導役として売り出すことが重要な戦略と考えた。あらゆる企業コラボ，パブリシティの材料として，衣料，旅行，雑誌，テレビ，映画，環境，科学，教育など，さまざまな切

局部例によって，自治組織権に関する一定の制約があった。これは先に述べた自治の権能の重要な制約であったといえるかもしれない。しかし，1991（平成3）年の地方自治法改正でこの「標準局部例」が廃止され，新たな局面を迎えた。この時点では標準的な局部の例示をなくしたものの，人口規模別の局または部の数は法定されており（法定局部数），その数を超えて設置する場合には自治大臣と協議しなければならなかった。その後，1997年の改正では協議制が届出制に改められ，2003年の改正では，法定局部数も削除された。

り口で恐竜福井を売り込んでいる。恐竜による新たなビジネスモデルを作り上げようとしている。

　観光営業部では，総合的に営業や売り込みを行うなど，あらゆる仕事を外に向かって積極的に働きかけていくことをめざしている。県外にアピールをし，誘客をし，さまざまな物産の販売を促進するという仕事である。知事はいう。「営業は，たとえば，県外の企業や消費者といった顧客に対して，相手の立場を考えながら情熱をこめて売り込むものだ。1つのコミュニケーション活動であり，今後，地域ブランドを広げていくうえで重要な役割を担っていくことになると思う」(西川，2009，197頁)。

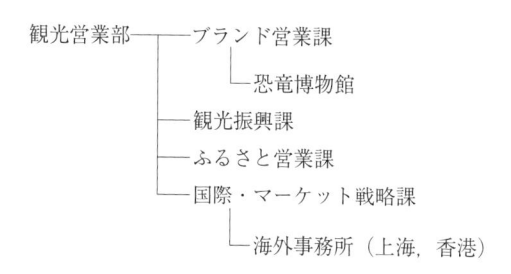

```
観光営業部───ブランド営業課
          　　　└─恐竜博物館
        ├─観光振興課
        ├─ふるさと営業課
        └─国際・マーケット戦略課
              └─海外事務所（上海，香港）
```

　このように，地方自治法制定後，半世紀を経てようやく名実ともに都道府県の自治組織権が完全なものとなった。これらの動きを受けて，先進的な県では，さまざまな部の創設が相次いでいる。琵琶湖環境部（滋賀県），農林水産商工部（三重県），健康福祉環境部（岐阜県），森林環境部（山梨県），観光営業部（福井県）など，それぞれの府県の実情に応じた部局再編を行って，戦略的な組織運営をすることが可能となった（*Column* ⑦参照）。今後は，このような動きが加速し，各都道府県がそれぞれ地域の実情に応じた組織を編成し

ていくことになるだろう。

　なお，市町村の組織については，地方自治法制定当初からこれまで述べてきたような制約はなく，局部課制をとる大都市から，課係制の町村まで多種多様であり，それぞれが自由な組織編成を行ってきた。また，自治体によっては，課係制を廃止したり，法定されている教育長などのほかは役職者を置かず，課長も係長も置かないという極端な組織編成をとったりするところもあった。また，そのような極端な組織編成をしなくとも，「すぐやる課」的な組織をつくったり，市役所横断的な市民サービスの窓口組織をつくったりして，それぞれが創意工夫をこらしている。

自治体組織の具体例

　自治体組織のうち，都道府県の例として，島根県の例をあげてみよう（図6-1）。図の中の，各部局がどのような仕事を行っているのかを順に見ていこう。

　○**知事部局の仕事**　　筆頭部局に当たる**政策企画局**は，県の総合的な政策の企画や重要な課題の調整，秘書，広聴広報，統計調査の仕事を担当している。知事の直接的な補佐機能を担うとともに，情報発信などの中心部隊となっている。県庁の頭脳部分といえるだろう。**総務部**は，県の組織や職員の配置，予算の編成，財産の管理，情報公開，県税の収納，私立学校の振興，危機管理，消防防災などの仕事を担当している。自治体の内部管理を担当する総合部署と考えればイメージがわきやすいだろう。通常，人事権と予算編成権を有しているがゆえに，総務部は都道府県組織の中では強い権限をもっている部局と考えられている。

　地域振興部は，地域振興や中山間地域対策，市町村行政の支援，情報化の推進，交通対策，土地・エネルギー対策などの仕事を担当

している。商工業や農業などの振興に直結するような振興策は，それぞれ農林水産部や商工労働部で直接担当するが，それ以外の部分や総合的な地域の振興策を担当している。**環境生活部**は，県民の生活に身近な業務を行う住民生活部門と，自然環境保護などの環境部門に大きく分けることができる。前者として社会貢献活動の推進，消費者保護対策，男女共同参画社会の形成，人権施策の推進，同和対策，文化振興，国際交流，後者として自然保護，環境の保全，廃棄物対策などの仕事を担当している。**健康福祉部**では，子ども，お年寄り，障害のある人などが健康で安心して暮らせるための保健・福祉・医療の推進，介護保険，食品・薬品の安全の確保などの仕事を担当している。従来，「保健」と「福祉」の2つに分かれていたものを統合して，1つの部門にしている県が多い。高齢者などへの行政サービス提供にあたって，保健・医療・福祉の連携によるスムーズな実施が求められていることによる。

　農林水産部は，農業，林業，水産業の生産振興や流通対策，土地改良事業，漁港や漁場の整備事業などの生産基盤の整備，農山漁村の生活環境整備，森林の保全などの仕事を担当している。自治体それぞれの地理的条件や主要産業によって，組織構成や名称に特徴が表れる場合がある。青森県の「りんご果樹課」などが典型例である。島根県でも，「しまねブランド推進課」を置いている。**商工労働部**は，産業の振興，企業立地の促進，中小企業の経営支援，観光の振興，県産品のブランド化の推進，雇用対策，職業能力開発などの仕事を担当している。地域内経済の活性化をいかに図るかという点と，労働市場の開拓などに重点を置いている。**土木部**は，道路，河川，砂防，港湾，空港，ダムなどの産業と生活を支える基盤の整備，下水道，公園，住宅などの住環境の整備，高速道路網の整備促進のほか，建設産業対策や景観対策，災害復旧などの仕事を担当している。

図6-1 島根県の行政機構（2011年4月1日現在）

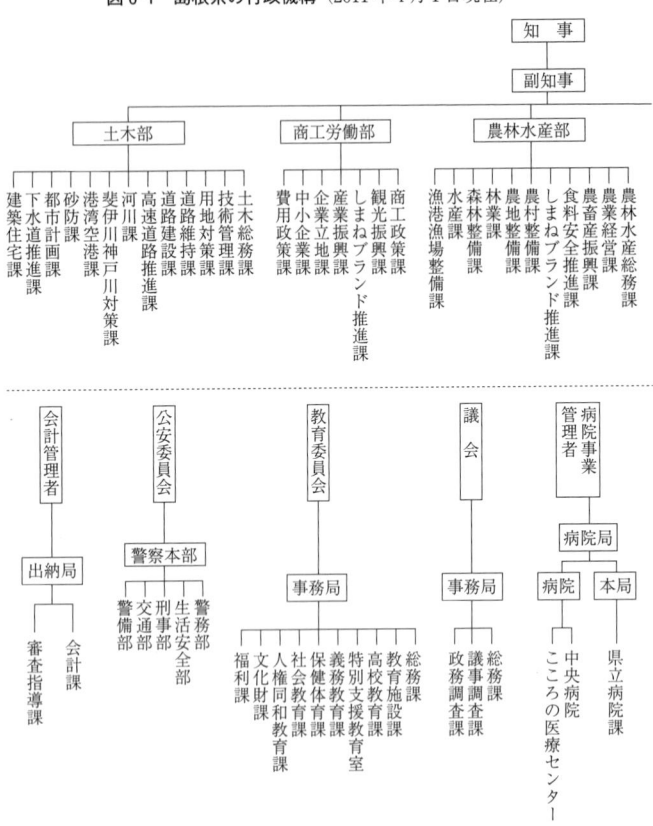

```
知　事
  │
副知事
  │
  ├── 土木部
  │    ├ 土木総務課
  │    ├ 技術管理課
  │    ├ 用地対策課
  │    ├ 道路建設課
  │    ├ 道路維持課
  │    ├ 高速道路推進課
  │    ├ 河川課
  │    ├ 斐伊川神戸川対策課
  │    ├ 港湾空港課
  │    ├ 砂防課
  │    ├ 都市計画課
  │    ├ 下水道推進課
  │    └ 建築住宅課
  │
  ├── 商工労働部
  │    ├ 商工政策課
  │    ├ 観光振興課
  │    ├ しまねブランド推進課
  │    ├ 産業振興課
  │    ├ 企業立地課
  │    ├ 中小企業課
  │    └ 経営支援課
  │
  └── 農林水産部
       ├ 農林水産総務課
       ├ 農業経営課
       ├ 農畜産振興課
       ├ 食料安全推進課
       ├ しまねブランド推進課
       ├ 農地整備課
       ├ 農村整備課
       ├ 林業課
       ├ 森林整備課
       ├ 水産課
       └ 漁港漁場整備課
```

```
会計管理者 ── 出納局 ─┬ 会計課
                    └ 審査指導課

公安委員会 ── 警察本部 ─┬ 警務部
                      ├ 生活安全部
                      ├ 刑事部
                      ├ 交通部
                      └ 警備部

教育委員会 ── 事務局 ─┬ 総務課
                    ├ 教育施設課
                    ├ 高校教育課
                    ├ 特別支援教育室
                    ├ 義務教育課
                    ├ 保健体育課
                    ├ 社会教育課
                    ├ 人権同和教育課
                    └ 文化財課　福利課

議会 ── 事務局 ─┬ 総務課
               ├ 議事調査課
               └ 政務調査課

病院事業管理者 ── 病院局 ─┬ 本局 ── 県立病院課
                        └ 病院 ── 中央病院こころの医療センター
```

［注］　しまねブランド推進課は，商工労働部と農林水産部との共管。
［出所］　島根県ウェブサイトにある図をもとに作成。

組織図

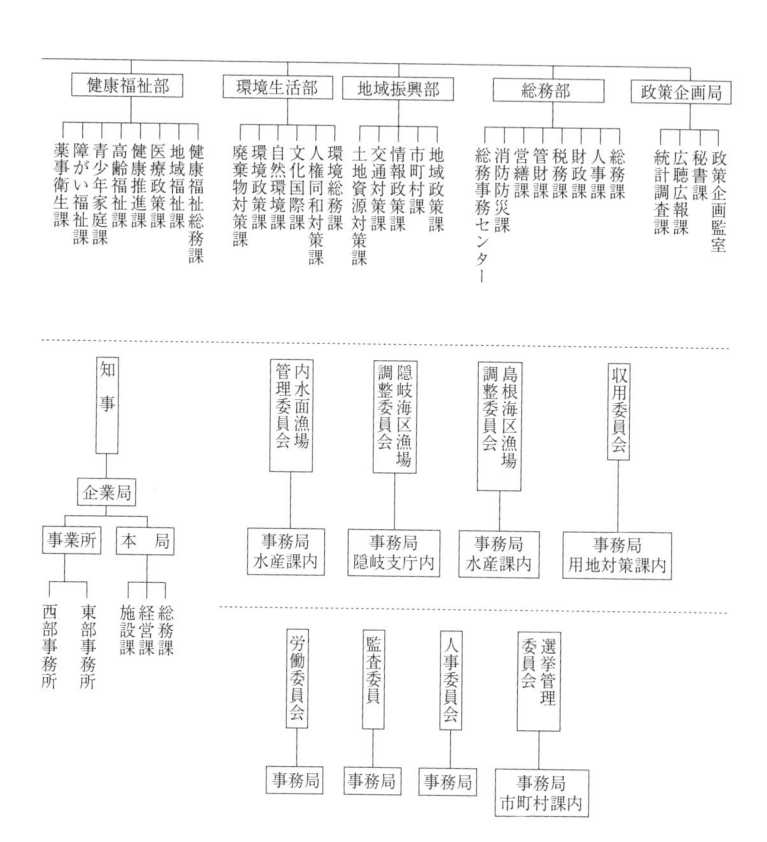

健康福祉部
- 健康福祉総務課
- 地域福祉課
- 医療推進課
- 健康政策課
- 高齢福祉課
- 青少年家庭課
- 障がい福祉課
- 薬事衛生課

環境生活部
- 環境政策課
- 廃棄物対策課
- 自然環境課
- 文化国際課
- 人権同和対策課
- 環境総務課

地域振興部
- 土地資源対策課
- 交通対策課
- 情報政策課
- 市町村課
- 地域政策課

総務部
- 総務事務センター
- 消防防災課
- 管財課
- 営繕課
- 税務課
- 財政課
- 人事課
- 総務課

政策企画局
- 統計調査課
- 広聴広報課
- 秘書課
- 政策企画監室

- 知事
  - 企業局
    - 事業所
      - 西部事務所
      - 東部事務所
    - 本局
      - 総務課
      - 経営課
      - 施設課

- 内水面漁場管理委員会 — 事務局 水産課内
- 隠岐海区漁場調整委員会 — 事務局 隠岐支庁内
- 島根海区漁場調整委員会 — 事務局 水産課内
- 収用委員会 — 事務局 用地対策課内

- 労働委員会 — 事務局
- 監査委員 — 事務局
- 人事委員会 — 事務局
- 選挙管理委員会 — 事務局 市町村課内

2 自治体の組織

最後に**出納局**は，県の仕事に必要なお金の出し入れや管理，決算など会計事務に関する仕事を担当している。

○**公営企業の仕事**　地方公営企業法に基づき県が経営する企業として，島根県の場合は企業局と病院局を置いている。**企業局**は，宅地（工業団地）造成事業，工業用水道事業，水道事業，電気事業（水力発電，風力発電）を実施している。**病院局**は，中央病院，こころの医療センターを運営し，全県を対象とした高次医療などの提供や地域医療の支援などの仕事を行っている。

○**行政委員会の仕事**　**教育委員会**は，比較的に馴染み深いセクションである。学校教育の充実，生涯学習の推進，体育・スポーツの振興，文化財の保護などを適切に実施するために置かれている。大別すると，学校教育部門，生涯学習部門，文化部門に分かれる。県内の市町村の小中学校（義務教育諸学校）に勤務する教員は，県の職員なので，教育委員会所属の職員数は膨大な数になる。**選挙管理委員会**は，国や県の選挙の管理執行，政治団体からの各種届出・収支報告書の受理や公表などを適切に実施するために置かれている。また，**人事委員会**は，職員の給与・勤務時間など勤務条件に関する調査，知事等に対する職員の給与などの報告および勧告，職員の採用試験などを実施するために置かれている。

監査委員は，自治体の公正で合理的，効率的な行政運営を確保するために，予算の執行や財産の管理，地方公営企業の経営管理などについて経常的に監視するために置かれている。**公安委員会**は，犯罪の予防，犯罪の捜査，犯人の検挙，交通の取り締まりなど公共の安全と秩序の維持を行っている警察を管理し，警察の公平・中立性を保つために置かれている。公安委員会の下に，県警本部が設置されているという構造になっている。**労働委員会**は，労働組合または労働者個人と使用者との間の労働紛争を調整し解決するために置か

れ，司法的な機能を負っている。**収用委員会**は，公共事業の事業者が土地などを取得するにあたって，所有者等と損失の補償などの争いが生じた場合，公正中立な立場で審理し，最終的な判断をするために置かれている。

　自治体の事務量は時代とともに増大し，それにともなって組織の規模と編成は（先に述べた自治組織権の制約を受けながらも）変化してきている。

　例として，熊本県の部局の変遷を示すと，図6-2のとおりである。この図にも示されているように，高度経済成長にともなう企画部新設の時期，公害や環境部門の新設の流れ，最近では衛生と福祉部門の統合の流れ，農政と林業の産業部門の統合の流れなどが全国的に見られる。

　さらに市町村の組織の例として，つくば市の組織図を掲げておこう（図6-3）。人口20万人程度の自治体（つくば市は約21万人。2011年4月現在）では，おおむね類似した組織形態となっていることが多い。ただ，つくば市の場合，総務部，企画部，財務部と統括部局として3つの部を置いていることや，総務課に「すぐ対応室」，都市建設部に「TX・まちづくり推進課」を設けているなどの特徴がある。

自治体の縦の職務階層——全国的な傾向

　以上見てきたのは，主として自治体の組織編成であるが，各自治体がどのような役職階層を置くか，言い換えれば，自治体の組織の縦の階層分化をどうするかについては，法規制はなく，各自治体が自由に定めることができる。組織論の教える一般理論によれば，組織規模（職員数）が大きくなれば縦の階層分化も進むとされるので，日本の自治体の階層分化も自治体の規模によって相当差異があるは

図6-2 熊本県における主な部局変遷

昭和20年代		昭和30年代				昭和40年代
S23	S26	S31	S33	S34	S38	S46
総務部	知事室	知事公室	総務部	総務部	総務部	総務部
	総務部	総務部				
	振興局	企画局	企画部		企画部	企画開発部
労働部	労働部	民生労働部	民生労働部	民生労働部	民生労働部	福祉生活部
民生部	民生部					
衛生部	衛生部	衛生部	衛生部	衛生部	衛生部	衛生部
経済部	経済部	経済部	経済部	商工水産部	商工水産部	商工労働水産部
		林務部	農地林務部	農林部	農政部	農政部
農地部	農地部	農地林務部		土地改良部	林務部	林務観光部
土木部	土木部	土木部	土木部	土木部	土木部	土木部
		出納室	出納室	出納室	出納室	出納室

<全国における主な流れなど>
★1947年地方自治法施行

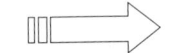

●高度経済成長にともなう企画部新設の流れ

[出所] 「熊本県行政システム改革プラン」(2002年)に筆者加筆。

昭和50年代		平成				
S50	S54	H1	H2	H9	H14	H22
総務部	総務部	総務部	総務部	総務部	総務部	知事公室 総務部
企画 開発部	企画 開発部	企画 開発部	企画 開発部	企画 開発部	企画 開発部	企画 振興部
福祉 生活部	福祉 生活部	福祉 生活部	福祉 生活部	健康 福祉部	健康 福祉部	健康 福祉部
衛生部	衛生部	衛生部	衛生部			
公害部	公害部	公害部	環境 公害部	環境 生活部	環境 生活部	環境 生活部
商工労働 水産部	商工観光 労働部	商工観光 労働部	商工観光 労働部	商工観光 労働部	商工観光 労働部	商工観光 労働部
農政部	農政部	農政部	農政部	農政部	農政部	農林 水産部
林務 観光部	林務 水産部	林務 水産部	林務 水産部	林務 水産部	林務 水産部	
土木部	土木部	土木部	土木部	土木部	土木部	土木部
出納室	出納室	出納局	出納局	出納局	出納局	出納局

※ ▓▓▓ は部局の改編を示す。

★1991年地方自治法の
標準局部例の廃止

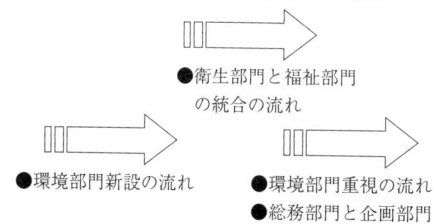

⇨

●衛生部門と福祉部門
の統合の流れ

⇨　　　　　　　⇨

●環境部門新設の流れ　●環境部門重視の流れ
　　　　　　　　　　●総務部門と企画部門
　　　　　　　　　　の統合例
　　　　　　　　　　●産業部門の統合例

2　自治体の組織

図 6-3 つくば市行政組織図 (2011 年 4 月 1 日現在)

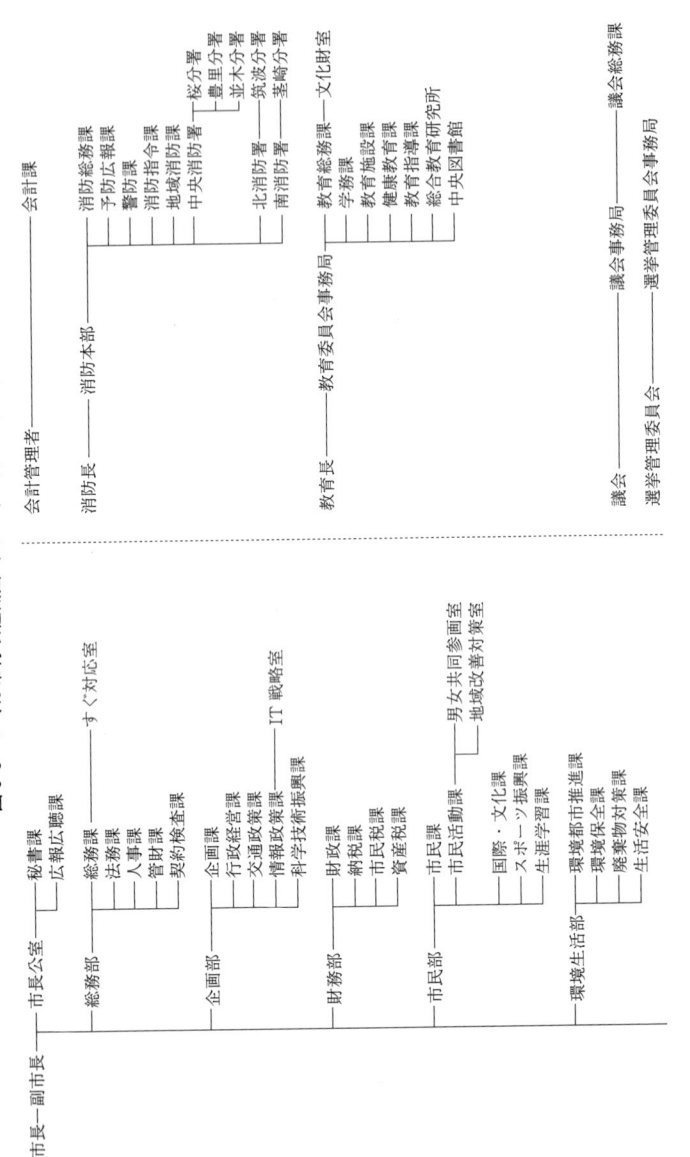

```
市長―副市長―┬―市長公室――┬―秘書課
              │              └―広報広聴課
              │
              ├―総務部――――┬―総務課―――――すぐ対応室
              │              ├―法務課
              │              ├―人事課
              │              ├―管財課
              │              └―契約検査課
              │
              ├―企画部――――┬―企画課
              │              ├―行政経営課
              │              ├―交通政策課
              │              ├―情報政策課―――IT戦略室
              │              └―科学技術振興課
              │
              ├―財務部――――┬―財政課
              │              ├―納税課
              │              ├―市民税課
              │              └―資産税課
              │
              ├―市民部――――┬―市民活動課――┬―男女共同参画室
              │              │              └―地域改善対策室
              │              ├―国際・文化課
              │              ├―スポーツ振興課
              │              └―生涯学習課
              │
              ├―環境生活部――┬―環境都市推進課
              │              ├―環境保全課
              │              ├―廃棄物対策課
              │              └―生活安全課
              │
              ├―会計管理者―――会計課
              │
              ├―消防長――――消防本部――┬―消防総務課
              │                          ├―予防広報課
              │                          ├―警防課
              │                          ├―消防指令課
              │                          ├―地域消防課
              │                          ├―中央消防署―┬―桜分署
              │                          │            ├―豊里分署
              │                          │            └―並木分署
              │                          ├―北消防署――┬―筑波分署
              │                          └―南消防署―――茎崎分署
              │
              └―教育長――――教育委員会事務局―┬―教育総務課――文化財室
                                              ├―学務課
                                              ├―教育施設課
                                              ├―健康教育課
                                              ├―教育指導課
                                              ├―総合教育研究所
                                              └―中央図書館

議会――――――議会事務局
選挙管理委員会―選挙管理委員会事務局―議会総務課
```

146 第6章 自治体の組織

```
┌─保健福祉部─┬─社会福祉課
│       ├─障害福祉課
│       ├─高齢福祉課──地域包括支援センター室
│       ├─こども課──────子育て支援室
│       ├─健康増進課
│       ├─医療環境整備課
│       └─国保年金課
│
├─経済部────┬─農業課
│       ├─土地改良課
│       ├─産業振興課
│       └─観光物産課
│
├─都市建設部─┬─都市計画課
│       ├─都市施設課
│       ├─建築指導課──開発指導室
│       ├─TX・まちづくり推進課
│       ├─道路課
│       ├─営繕・住宅課
│       └─地籍調査課
│
└─上下水道部─┬─水道総務課
        ├─業務課
        ├─水道工務課
        ├─配水課
        ├─下水道管理課
        └─下水道整備課

監査委員──────監査委員事務局
農業委員会─────農業委員会事務局──農業行政課
公平委員会─────事務局(総務部法務課)
固定資産評価審査委員会──事務局(納税課)
オンブズマン───事務局

※指定管理者による市の施設(主管課)
 つくば市ふれあいプラザ(生涯学習課)
 つくば市立ノバホール(国際・文化課)
 つくば市カピオ(国際・文化課)
 つくば市茎崎こもれび六斗の森(観光物産課)
 つくば市市民活動センター(市民活動課)
 つくば市市民研修センター(生涯学習課)
 つくば市大曽根児童館(こども課)
 つくば市子育て総合支援センター(子育て支援室)
```

[出所] つくば市ウェブサイトにある図をもとに作成。

ずである。

 しかし、実証的にみるとそうなっていない。法的な制約がなく、自治体ごとの規模に相当の差異があるにもかかわらず、日本の都道府県組織においては全国を通じて、ほぼ同じ縦の階層分化となっている。これは、自治省による標準職務表を通じた給料表の指導という制約要因が影響を与えてきたと考えられる。

 標準職務表とは、職務の複雑さ、困難および責任の度合いに基づいて職員の職務を給料表の等級に分類する場合に、その分類の基準となるべき標準的な職務の内容を記述した表のことをいう。これは、それぞれの自治体ごとの条例または規則で定めることになっているが、1950年代から自治庁（その後の自治省）の指導通知が出されてきており、多くの自治体はそれに従ってきた。指導の拠り所となったのは国家公務員の給与制度や標準職務表であった。都道府県はこの通知に従う法的義務はないが、給料表を作成するコスト（独自の給料表、縦の階層をつくる場合の技術的ノウハウ、議会や国への説明コスト）、国並みの改定率の確保などの観点から、国の通達に準拠した標準職務表、給料表を採用してきた。そのため、全国の地方自治体の縦の階層分化が比較的類似したものになってきたと考えられる。

 この標準局部例・法定局部制と、標準職務表を通じた間接指導によって、全国の自治体（特に道府県）は比較的類似した組織編成となってきたのである。

 自治体の縦の階層数は、先に述べた標準職務表通知の改正を受け、また自治体職員の処遇上のポスト確保の要請から、次第に増加する傾向にある。後者は、ある世代（特に団塊世代）の職員の塊が徐々に高齢化していくにつれ、彼らの役職昇任の期待を満たすために、新しいポストをつくるという実務上の要請から設けられていったものである。特に自治体の規模の膨張が停止した1970年代末以降、

さまざまな中間ポストやスタッフポストがつくられてきた。課長と同格の参事ポスト、課長の下の課長代理や副参事、係長と同格の主査、その下の主任などである。

役所における意思決定は、通常、**稟議制**（りんぎ）といわれる方式でなされる。担当者が決裁を起案し、順次上位の職の者の印をもらっていって、最終決裁権者にいたる。重要な案件については、最終決裁権者あるいはその直下の役職者までをも含めた部内の会議で意思決定がなされ、それを確認しつつ文書記録を残すために決裁がつくられる。ルーティン業務については、そのような会議はもたれず、担当者が過去の経緯を参照しつつ決裁をつくり上位の者に決裁を回していく。

いずれの場合でも、順次、印をもらっていく必要があるため、印を必要とする数が増えれば増えるほど、意思決定には時間がかかるようになる。もともとは、担当者→係長→課長→部長という少ない数の印で済んでいた意思決定も、組織階層数が増え、さまざまな役職者が増えることにより、印の数も増えていく。例えば、担当者→主任→主査→係長→課長補佐→課長代理→参事→課長→部次長→部長、といったように関係者の数が多くなるのである。

担当者は印をもらうたびに説明する必要があり、決裁途中での微修正があれば、その前の決裁者にその旨を後で説明する必要がある。主任と主査の主張が異なっていれば、最終的には上位者である主査の意見が通るが、担当者にとっては余分な業務が増える。意思決定が遅延し、担当者のモチベーションの低下を誘うことにもなりかねない。

このような事態を打開するために、最近では、意識的に決裁の権限を下位に降ろすような改正を行ったり、決裁に必要なラインを明確にしてスタッフ職を意思決定のラインから外すようにしたりするなど、さまざまな努力が自治体でなされている。さらに、組織自体

をフラット化して，上記のデメリットを打破しようとする動きも見られる（次節参照）。

3 最近の組織再編の動き

政策目的に対応した組織への再編

以上，見てきたように，従来の組織は，中央省庁に対応した分野別の組織編成，ヒエラルヒー構造を基本としてきた。しかし先に述べたように標準局部例やその後の法定局部数が廃止され，国などの行政組織とバランスをとることも不要となった。これからの自治体では，従来の中央省庁の組織編制に対応した縦割り型組織にとらわれず，明確なビジョン，戦略体系に基づいて，効果的かつ効率的に事業遂行できる組織とする必要がある。そこで，政策，施策，事務事業のまとまりや地域などに対応した組織編成とし，実行責任の所在を明確化するような組織改正を行った先進的な自治体がいくつもある。ここでは，佐賀県の例を見てみよう。

佐賀県では，多様化・高度化する県民のニーズや新たな行政課題に対応しながら，県民の満足度を高めることができるよう，2004年4月に，県庁組織を，政策ごとに本部を置いた本部制に改編した（図6-4）。

例えば従来，幼稚園（総務学事課），保育所（児童青年課），子育て支援（少子化対策室）の業務は担当部課が分かれていたが，2004年4月以降は，組織を新たに整理・統合して設置した「こども課」が所管することとなった。また，より現場に近い各本部が，自らの戦略と判断に基づき自律的に経営できるように事業部制を導入し，予算編成や定数配分・職員配置の権限について，庁内分権を実施している。

図6-4　佐賀県庁の組織改編

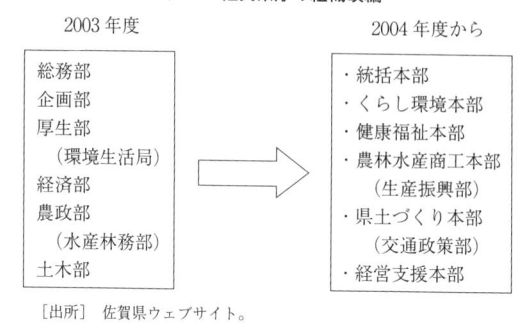

2003年度

| 総務部 |
| 企画部 |
| 厚生部 |
| 　　（環境生活局） |
| 経済部 |
| 農政部 |
| 　　（水産林務部） |
| 土木部 |

→

2004年度から

・統括本部
・くらし環境本部
・健康福祉本部
・農林水産商工本部
　　（生産振興部）
・県土づくり本部
　　（交通政策部）
・経営支援本部

［出所］　佐賀県ウェブサイト。

　この改革により、特定の行政課題やニーズについての住民からの問い合わせに一部局で対応することが可能になるとともに、市町村とのやり取りがスムーズに行われるようになったという。

　庁内分権においては、予算編成（枠配分）、定数配分（枠配分）、人員配置（副課長以下）の権限を各本部に委譲し、各本部が自律的に組織を経営できる体制としている。従来の組織においては、ほかの県同様、組織編成（建制順と呼ぶ）の一番上に位置する総務部が人事・財政など主要な資源を握っていた。建制順の上に位置するものが県民に直接接しないにもかかわらず、組織の中で最重要な組織となり、出世コースとされてきた。だが佐賀県での組織改編後は、それらの業務は県民向けの行政サービスを間接的にサポートするものとして、組織編成の一番下に位置する経営支援本部に属している。しかも、かなりの程度の権限は、各本部に委譲されている。従来の権力の象徴だった「総務部」は、名実ともになくなっている。

　県庁の大きな方針は、統括本部（知事直轄で政策面を考える）が各本部と議論しながら決定する。その大きな方針に従い、各本部が事業を実施する。「人事や財政というのはあくまでもフォローのためのものであり、そこが『表通り』になってはいけない」という考え

3　最近の組織再編の動き

方からだという。佐賀県では，予算も人事も大枠は統括本部と経営支援本部で決め，後は各本部に任せる。副課長以下の配置権限そのものが各本部長にあるので，年度途中で忙しいところが出てきた場合にも，まずは本部内の異動で対応する。人事当局（今は職員課という）と協議して当局が判断するということは，もはやないという。

組織のフラット化——組織階層の簡素化

先に述べたように1970年代後半以降，組織階層が増加して各自治体内の意思決定が遅延することが多くなった。しかし，住民ニーズへの対応の観点からは，迅速な意思決定・対応が求められる場面が多い。IT化が進展してきた1990年代以降，その必要性はますます高まっている。全国的な数はまだ多くはないが，静岡県，三重県，滋賀県，広島県などではグループ制を導入し，組織をフラット化することによって，個々の職員の責任と権限を明確にし，意思形成過程を簡素化しようと試みている。その際，従来の組織のまま（職階を変えないで）でグループ制を導入している自治体もあり，参事や課長補佐がグループ・リーダー（GL）となり，係長級，主任，係員がグループ員になっている例も見られるが，これも実質的にいうと，GLとグループ員という組織にフラット化されたものと見ることができる。

広島県庁では2001年から本庁組織のフラット化に取り組んだ（図6-5）。ねらいとして，迅速性（事務処理，意思決定）の向上，職員の総戦力化，組織の活性化・士気高揚，機動的弾力性の向上，目的指向型の行政運営への転換が挙げられていた。7階層（部長，次長，課〈室〉長，課長代理，課長補佐，係長，係員）から，5階層（部長，総室長，室長，グループ・リーダー，室員）になったが，グループ・リーダーは職制としては位置づけられていないので，4階層と見るこ

図6-5 広島県の組織のフラット化

2000年
① — 知事・副知事
②部長
③次長
④課（室）長
⑤課長代理
⑥課長補佐
⑦係長
⑧係員

2001年
① — 知事・副知事
②部長
③総室長
④新室長
⑤グループ・リーダー
⑥室員

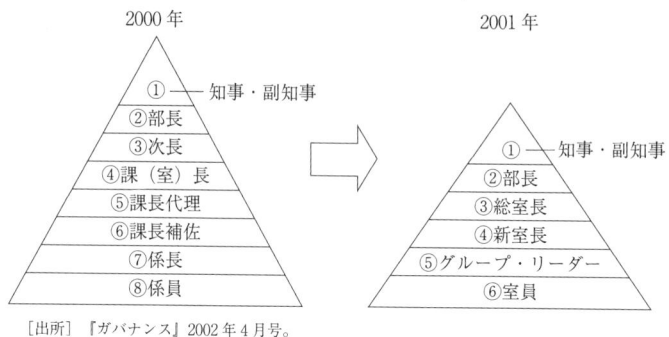

［出所］『ガバナンス』2002年4月号。

ともできる。

　改革の要点としては，まず第1に，次長，課長代理，課長補佐といった中間職を廃止して総室長へ権限を委譲したことが挙げられる。24人いた次長のほとんどを新設の総室長へとスライドさせたが，単に名前が変わっただけではなく，部長権限のかなりの部分が総室長に移された。専決権限事項をもたない部長の補佐役という立場から，責任と権限をもったポストへのスライドである。事業執行に必要な権限を大胆に総室長へ下ろしたため，部長は全庁的視野から高い次元の政策的判断を下すことに力を注げるようにした。

　第2に，課を廃止して，より小規模な「室」を最も基本的な施策ごとの組織単位としたことが挙げられる。従来の1つの課は平均30〜40人構成だったが，改革後は一室あたり10〜20人の小規模組織になった。このことにより，室長や室全体としての専門性を高めるとともに，室長ポストへの若手職員の登用促進も可能となった。

　他方，行政の総合性の確保から施策目的を大括りにした「総室」が設置され，総室長は，所管する各室の事業推進を担う責任者として，総室内および他部局との施策調整を図ることなどにより，行政

3 最近の組織再編の動き

の総合性を確保していくことになった。

　第3に，係を廃止してグループ制を導入したことが挙げられる。業務が固定化し，新しいニーズや突発的な事案に対応しにくかった係制を廃止して柔軟な対応ができる制度とした。また従来は一般職員と課長とは係長を通しての関係が原則であったが，グループ制では，業務は原則として室長と室員（グループ員）との間で進められることとなる。室長は直接室員に指示・命令を行い，室員は直接室長に報告・説明を行う。また，起案文書も室員から直接室長へ上げていくことを原則としている。

　だが，グループ制，組織のフラット化もメリットばかりではない。一般的には次のような点に留意する必要がある。まず，第1に，処遇のための組織となることのないよう，それぞれの職の責任と権限を明確化すること，組織を細分化しすぎないことが必要である。細分化しすぎてポストを量産するのであれば，結局は組織の効率化につながらない。第2に，グループ制の導入は，場合によっては自発的なOJT（オン・ザ・ジョブ・トレーニング）が減少したり，計画的人材育成意識が減少したりすることにもなりうる。従来は，若手職員は主任や係長にさまざまな指導を受けながら徐々に仕事を覚えていったが，グループ制になると，係長や主任もただの室員となり，室長から指導を受けることになる。室長が受け持つ職員や業務範囲が広がるため，個々の職員の指導に十分な時間が割けないことも多い。従来の係長や主任としても，同格の室員である若手の業務に口を挟みにくいというジレンマがある。他方で，個々の室員の責任と権限は増大する。どのように彼らを育成するか，どのような人事管理を行うかが肝要である。

　このような留意点があり，また，それがデメリットとして顕在化したため，いったんグループ制にしたものの，その後，元の組織形

図6-6　広島県のグループ制の導入

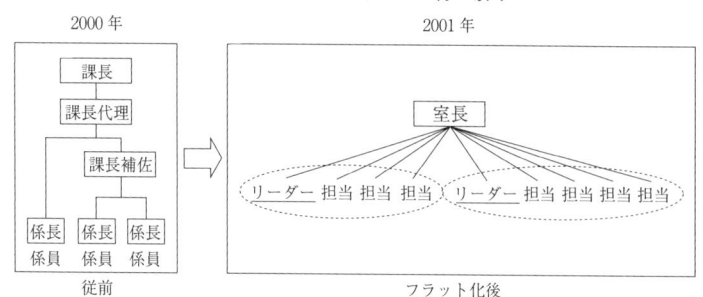

2000年

課長 — 課長代理 — 課長補佐 — 係長・係員／係長・係員／係長・係員

従前

2001年

室長 — リーダー・担当・担当・担当／リーダー・担当・担当・担当・担当

フラット化後

［出所］『ガバナンス』2002年4月号。

態に戻したという自治体も少なくない。先に述べた静岡県と広島県は，2010年までに総室―室制をやめ，従来の部―課制に戻している。

　どのような組織が適切であるかを判断するのは，容易ではないことを示している。

◆引用・参考文献◆

稲継裕昭「地方自治体の組織と地方公務員・人事行政」村松岐夫編『テキストブック地方自治〔第2版〕』東洋経済新報社，2010年

谷畑英吾「日本の地方自治における自治組織権」村松岐夫・稲継裕昭編『包括的地方自治ガバナンス改革』(経済政策分析シリーズ5) 東洋経済新報社，2003年

西川一誠『「ふるさと」の発想――地方の力を活かす』岩波新書，2009年

日本都市センター『自治体組織の多様化――長・議会・補助機関の現状と課題』日本都市センター，2004年

村松岐夫・稲継裕昭・日本都市センター編『分権改革は都市行政機構を変えたか』第一法規，2009年

自治体改革

第7章

1 P県の指定管理者
——県財団からの出向者は「むしろ邪魔」

「P県財政非常事態宣言」を出してすぐに「箱もの施設」を見て回った鷲本知事であるが（第1章第1節参照），視察先の1つに県の施設である「P県立青少年センター」があった。

青少年センターは，若者のコンサートや演劇，ピアノ発表会などの文化活動の場として40年近く使われてきた。従来，県が出資するP県文化振興財団が，県から委託金をもらって青少年センター

の運営を担ってきた。財団には、P県の職員が現役で出向していたり、理事長などの役員にはP県のOBが天下りしていたりする、典型的な県の外郭団体であった。

だが、2003（平成15）年に改正された地方自治法の規定に基づき、公の施設は自治体の直営にするか、指定管理者（民間企業やそのほかの団体など）が担うかを選択することになった。P県においても、青少年センターについては、公募で指定管理者を募り、S社が5社の中から指定管理者に選定され、この2年間はS社が運営をしていた。だが、センターにおいては、指定管理開始後も、P県文化振興財団から財団職員が「引き継ぎ要員」として派遣されていた。財団職員の受け入れが、公募に応募する際の条件になっていたという。財団職員は1年目は5人、2年目も2人が派遣され、年間1人当たり1千万円がP県から支払われていた。他方、指定管理者であるS社の人件費は1人当たり年間300万円であり、その間には大きな開きがあった。

青少年センターを訪問した鷲本知事は、センターの運営実態の説明を受けていた。センターを所管するP県青少年課長が、建物の概要や、沿革、利用状況などについて詳細に説明していたが、鷲本はそれを聞いている様子はなく、手元の資料の「人件費」の項目を食い入るように見つめていた。そして突然、「なぜ、人件費がこんなに違うんですか。民間は300万円で、財団は1千万円」と大声をあげた。「……」。担当者が声を失い、まわりの空気は凍りついた。しばらく沈黙が続いた後、担当課長は、「あの、その、えーと、給与制度の違いといいますか、その—、年齢の差といいますか」と、口ごもるように説明するのがやっとだった。鷲本は「業務内容は違うんですか、3倍以上も」と問いただしたが、担当課長は「業務内容は変わりません」と消え入るような声で答えた。鷲本は続いて、

指定管理者であるS社の民間センター長に「どういう仕事をしてもらっているのですか。お役に立っていますか」と質問した。センター長は,「財団職員の方には,県の委託事業とスタジオの鍵開けをお願いしています。必要性については,端的に申し上げれば,むしろ邪魔」。

館長の一言を聞き,鷲本は大きくうなずいた。そして,今後職員派遣を停止するように担当課長に厳命した。テレビは無駄遣いの象徴であるかのように,「むしろ邪魔」という民間センター長の発言の映像を繰り返し流した。指定管理者(民間)が,財団法人(公の外郭)の派遣職員を邪魔者扱いしているのだが,この指定管理者という制度も,2003年までは日本では影も形もなかった新しい制度である。

＊　＊　＊

1990年代以降,中央レベルで進められた分権改革とは別の文脈で,自治体発のさまざまな改革が進められてきている。住民ニーズの多様化,行政情報の透明化,財政難などを起爆剤とした諸改革である。行政評価,民間委託など各自治体が独自に進めている改革と,国の法律制定・改正によって新たに始められた指定管理者制度などの改革が多拠点で進められている。その背景については,第5章第3節で見たとおりである。本章では,各地で進められているさまざまな自治体改革を見ていく。

2　さまざまな自治体改革

地方自治法2条14項では,自治体がその事務を処理するにあたって「住民の福祉の増進に努めるとともに,最少の経費で最大の効

果を挙げるようにしなければならない」と規定している。法の趣旨にのっとり，また，財政難という喫緊の課題もあって，1990年代後半以降，自治体ではさまざまな改革が進められてきた。そのうちのいくつかのものを見ておこう。

行政評価

1990年代の半ば以降，多くの自治体で，事務事業評価，行政評価を取り入れる潮流が生まれた。自治体の事業や政策を適正に遂行するためには，実際に行った結果を評価して，将来の政策決定にフィードバックすることが肝要である。Plan（企画）→ Do（実施）→ See（評価）を循環させる考え（PDS マネジメント・サイクル）が民間企業では一般的であるが，国や自治体では See の部分が不十分であった。予算を獲得するところまでは相当の努力をするが，それを使って行われた政策や事業の評価をすることは，適正手続きの観点からの監査は別として，あまり行われてこなかったのである。

それが，1990年代半ば以降，三重県の「事務事業評価」，静岡県の「業務棚卸し」，北海道の「時のアセスメント」など，さまざまな先進事例が出てきて，行政評価のブームに火を付けることとなった。この3つのものについて少しくわしく見ておこう。

三重県の**事務事業評価**は，1995年4月に就任した北川正恭知事が行政改革の必要性を強く訴えたことに始まる。1996年，職員の意識改革の核となるしくみとして事務事業（行政が行っている事務や事業の総称。第5章第3節参照）を評価するというシステムを始めた。その後，これを事業の評価・進行管理・予算編成の議論にも使用するようになった。

静岡県では，1997年から仕事を効果的・効率的に進めるため，**業務棚卸表**を導入し，これを活用して，行政評価を行っている。

「業務棚卸表」は，各課が総合計画の目的を達成するために実施する業務（手段）の作戦体系を示し，「何の目的のために，何をするのか」という仕事（業務）の内容を，目的別に表に整理（棚卸し）して，「見える」化を図っている。「業務棚卸表」に基づき仕事の進捗度合や妥当性，有効性などを評価し，改善を検討するとともに予算や組織体制などに反映させている。これは，住民にとっては情報公開のための資料，職員にとっては成果を確認しながら仕事を効果的・効率的に進めていくための資料となっている。

　北海道の**時のアセスメント**は，時の経過による施策の再評価である。施策が必要とされた社会状況や住民要望などが大きく変化し，施策に対する当初の役割や効果について，あらためて点検・評価を加える必要があるものについては，現状をふまえ，多角的，多面的な視点から検討を行う。具体的には，①施策が長期間停滞していると認められるもの，②時の経過の中で，施策を取り巻く社会状況や住民要望の変化などにより，施策の価値または効果が低下していると認められるもの，③施策の円滑な推進に課題を抱えており，施策が長期間停滞するおそれがあると認められるもの，を選び出して，当該施策の再評価を行って，場合によっては，それを中止するというものである。

　これら3つの行政評価は，それぞれ多様性に富んでいるが，その後，多くの自治体がこれらの手法を借用した行政評価を導入するようになった。2000年代に入り，評価体系は自治体ごとにかなり精査されてきた。例えば，大枠の政策のあり方を対象とした政策評価，それを細分化した施策評価，個別特定の事務事業を対象とした事務事業評価といった3段階に分けて評価を行っている自治体も多い。

PFI (Private Finance Initiative)

　PFIとは、公共サービスの提供に際して公共施設が必要な場合に、国や自治体が直接施設を整備するのではなく、民間資金を利用して民間に施設整備と公共サービスの提供を委ねる手法のことをいう。公共施設などの設計、建設、維持管理および運営に、民間の資金や経営能力、技術的能力などを活用することによって、国や自治体が直接実施するよりも効率的かつ効果的に公共サービスの提供を図ろうとするものである。PFIの導入によって、国や自治体の事業コストの削減、より質の高い公共サービスの提供をめざしている。PFIでは、事業主体はあくまで国や自治体などの公的機関であり、この点で民営化とは異なる。

　日本では、「民間資金等の活用による公共施設等の整備等の促進に関する法律」（PFI法）が1999年に制定された。そして、2000年にPFIの理念とその実現のための方法を示す「基本方針」が、民間資金等活用事業推進委員会（PFI推進委員会）での討議を経て、内閣総理大臣によって策定され、PFI事業の枠組みが設けられた。これを受けて、自治体においても、導入が進められている。羽島市（岐阜県）の市民プール、桑名市（三重県）の図書館、越谷市（埼玉県）の斎場、杉並区（東京都）のケアハウス、市川市（千葉県）のケアハウスや余熱利用施設、八尾市（大阪府）の市民病院など、数多くの先進事例が出てきている。国レベルでは、刑務所（矯正施設）についてPFI方式を用いて山口県美祢市に「美祢社会復帰促進センター」（「民活刑務所」）を設置し、運営業務のうちの受付、見張り、巡回、教育、清掃、給食の業務をセコムを中心とした民間会社が担当している。

　イギリスなど海外では、すでにPFI方式による公共サービスの提供が相当実施されており、有料橋、鉄道、病院、学校などの公共

施設等の整備，再開発などの分野等で成果を収めている。ただ，イギリスにおける PFI と日本のそれとでは，官民におけるリスク分担のあり方など重要な点で異なるところがある。

指定管理者制度

　公の施設（自治体がさまざまなサービスのために提供する施設。例えば福祉会館，市民ホール，体育館，プール，公園，駐車場，駐輪場など）は行政財産であるため，これまで，自治体か，外郭団体，社会福祉法人などの公的団体しか，管理主体になれないとされてきた。自治体がこれらの主体に公の施設の管理を委託するしくみを**管理委託制度**と呼び，管理受託者について一定の公共性を有していることが必要とされていた。

　しかし，プールや駐車場などは民間企業が経営しているものも多いし，それなりのノウハウをもっている事業者も多い。多様化・複雑化する住民ニーズに的確に対応し，市民サービスの向上と効率的な運営をめざすためには，民間事業者の能力やノウハウを幅広く活用することが有効であると考えられるようになってきた。また，諸外国でも民間企業や非営利組織（NPO）が運営主体になっている例が紹介されるようになった。そこで，2003 年 6 月に地方自治法が改正（同年 9 月施行）され「指定管理者制度」が創設された。

　これにより，民間企業そのほかの団体（法人格は必ずしも必要でない）でも公の施設の管理・運営ができるようになった。その際，2003 年 9 月の改正法施行時点で管理・運営を委託している施設については，3 年間の経過措置期間終了までに，指定管理者制度に移行するか直営に戻すかを選択しなければならないと規定された。

　3 年間の経過措置期間終了までの第 1 ラウンドの指定管理者制度は，全国の自治体が試行錯誤を繰り返した。指定管理者の選定に関

して公募方式をとる自治体、公募せずに従来の財団法人を指定管理者（特命指定）とする自治体など、さまざまであった。また、公募をしたが応募してくれる民間団体などがほとんどない、という中山間地域（山地およびその周辺の地理的条件が悪く、農業生産にとって不利な地域）の例も多く見られた。

契約期間が切れて、第2ラウンドに入る自治体においては、公募方式に新たに切り替えた自治体が見られるようになった。ただ、やはり自治体が設立した団体に引き続き受託させる例も少なくない。公募方式として当該団体が敗れた場合に、そこで働く職員の雇用をどのように確保するかなどの考慮が、そこには働いていると考えられる。また、大都市は別として地方の場合は公募しても応募する事業者がないという場合が多い。

指定管理者制度のメリットとして、利用時間延長など施設運営面でサービスが向上し利用者の利便性が向上するという点が挙げられる。またその当否についての議論はあるものの、管理運営経費の削減による自治体の負担軽減といった点も指摘できる。

他方で、この制度については、指定管理期間が短すぎることが指摘されることが多い。指定期間を3年程度として公募にかける自治体が多いが、民間企業から見るとその程度の期間では長期的視野に立った投資が困難ということから、応募を躊躇する例も見られるからである。また、管理コストを下げるために、施設の管理水準が最低基準にはりついてしまっている例が見られるなどの弊害も、指摘されている。

地方独立行政法人

地方独立行政法人を設置することは、いわゆるアウトソーシング（外部委託）の考え方を公共部門に適用し、自治体において特定の部

門（研究所，博物館，大学など，多くの場合サービスを直接提供する組織）を切り離して，新しいインセンティブ構造のもとに置く試みである。厳密な定義を示すと，「住民の生活，地域社会及び地域経済の安定等の公共上の見地からその地域において確実に実施されることが必要な事務及び事業であって，地方公共団体が自ら主体となって直接に実施する必要のないもののうち，民間の主体にゆだねた場合には必ずしも実施されないおそれがあるものと地方公共団体が認めるものを効率的かつ効果的に行わせることを目的として，この法律の定めるところにより地方公共団体が設立する法人」をいう（地方独立行政法人法2条。2003年制定）。

制度のねらいとしては，①目標による業務管理（中期目標・中期計画・年度計画に基づき，計画的に業務を運営・管理），②適正な業務実績の評価（評価委員会が法人の業務実績を定期的に評価して，必要に応じて勧告），③業績主義の人事管理（法人の実績，職員の業績を反映した給与のしくみなどを確立），④財務運営の弾力化等（原則として企業会計原則により業務を運営。経営努力で生じた毎事業年度の利益は，中期計画で定めた剰余金の使途に充当可能）が挙げられる。

自治体から切り離されることから，移管されうる事務事業の内容は，自治体のほかの行政分野と関連性の薄い，一定のまとまりを有するものである必要がある。そのため，対象範囲をむやみに広げていくことには慎重であるべきという意見が強い。

公会計改革

従来，自治体における会計は**現金主義会計**と呼ばれる単式簿記による会計方式が採用されてきた。家庭における小遣い帳のイメージである。現金主義会計のもとでは，退職給与引当金のように将来の支出に備えて準備しておくべき額を負債として認識することはない。

職員の退職時に歳出が計上されるだけで、それまでは何ら会計的手当が講じられることはない。経常収支比率の高い自治体で、定年退職の職員が大量に発生すれば、たちまち当該年度の予算編成は困難になる。また、現金主義会計は、自治体が保有している膨大な公有財産を金額で把握できていないという限界も露呈している。市道の延長距離や面積は把握できても、その価額が把握できていない。

このように現金主義会計のもとでは、現金の出入り、すなわちキャッシュフローの情報のみが明らかにされ、ストックに関する情報（資産状況、減価償却費など）が抜け落ちてしまう。

民間企業における会計では、一定の時点における資産・負債・資本の状況を確定する貸借対照表（バランスシート）がつくられており、自治体においても、それを参考にして、公会計改革に取り組むところが出てきた。

臼杵市（大分県）の貸借対照表の取り組みは、人口わずか3万6千人の自治体でつくられ、全国の注目を浴びることになった。またそれにさきがけて、三重県、東京都、福岡市など、1999年ごろから、全国各地で、公会計改革に取り組む自治体が増加してきた。

この流れを受けて、総務省も公会計改革に関する研究会を置き、その報告を受けるかたちで、2007年10月に総務省自治財政局長からの通知「公会計の整備推進について（通知）」を発出した。これにより、自治体は2009年から貸借対照表、行政コスト計算書、資金収支計算書、純資産変動計算書の財務諸表4表◆を公表することになった（町村や人口3万人未満の都市は2011年から）。

この4表の公表により、①資産・債務管理、②費用管理、③財務情報のわかりやすい開示、④政策評価・予算編成・決算分析との関係づけ、⑤地方議会における予算・決算審議での利用、などの促進が期待されている。③は自治体の説明責任の履行に資する

ものであり，①②④⑤は，内部管理（ガバナンス）強化を通じて最終的に財政の効率化・適正化をめざすものであるといえるだろう。

市場化テスト

2006年5月，小泉内閣のもとで，**公共サービス改革法**（競争の導入による公共サービスの改革に関する法律）が成立した。これに基づき，「市場化テスト」が制度化された。行政組織と民間企業などが，ある特定の行政サービスに関して競争入札を行うことにより，行政コストの削減，効率化をめざすものである。これは，後で述べるように，もともと1980年代のイギリスのサッチャー政権下で自治体に導入されたCCT（強制競争入札，175頁参照）および，それを国レベルに引き上げた市場化テストがモデルとなっている。

国においては，行政処分を除く行政サービス全般が対象となりうるけれども，自治体においては法律の特例を必要とする特定行政サービスが対象となる。例えば，戸籍法に基づく戸籍謄本等，住民基本台帳法に基づく住民票の写しや戸籍の附表の写しの交付請求の受

◆用語解説―――
財務諸表4表 ①賃借対照表（地方公共団体が，どれほどの資産や債務を有するかについての情報を示すもの。行政活動によってつくられた道路，建物，土地などの資産と，それに要した財源〈負債・純資産〉との関係を表したもので，左右がバランスしていることからバランスシートとも呼ばれる），②行政コスト計算書（民間企業の「損益計算書」に相当する。行政サービスのうち福祉やごみ収集といった資産形成には結び付かない行政サービスにかかわる経費と，その行政サービスの対価として得られた財源〈経常収益〉を表している），③純資産変動計算書（①賃借対照表内の「純資産の部」に計上されている各数値が1年間でどのように変動したかを表している財務諸表），④資金収支計算書（行政活動における1年間の資金の増減を表す財務諸表），の4種類をいう。

2 さまざまな自治体改革

Column ⑧ 我孫子市の「提案型公共サービス民営化制度」

千葉県我孫子市では,「提案型公共サービス民営化制度」を 2006 年から開始した。これは,市が実施しているすべての事業(約1100)を対象に,企業,NPO,市民活動団体などから委託・民営化の提案を募集し,コストとサービスの質を総合的に審査したうえで,市が直接実施するよりも市民にとってプラスと考えられるものについては,提案に基づき委託・民営化を進めるというものである。企業やNPOなど民間の主体と連携し,公共サービスを共に担うことにより,「充実したサービス」と「スリムな市役所」を実現する取り組みである。

この制度を導入した背景としては,次のような事情が挙げられる。①我孫子市内には,30を超えるNPO法人や300団体余りの市民活動団体が,子育て支援,介護,環境,防犯,IT(情報技術)など多くの分野で公共サービスの担い手として活躍している。②1970年代から市内に居住を始めた「団塊の世代」が定年を迎え地域に帰ってくるため,その能力や経験を生かし,地域の中で,ボランティア活動やコミュニティ・ビジネスを起業し,新たな公共サービスの担い手として活躍してもらうことが期待される。③市役所職員も大量退職を迎えるとともに,定員削減計画を進める必要があり,そのためには,民間にできるものは民間

付と引渡しなどの業務がこれに当たる。官民競争入札を行ったうえで民間事業者が落札した場合は,例えば市役所の1階の市民課の窓口がごっそり民間企業の運営になるような事態もありうる。

長野県南牧村,東京都,大阪府などで市場化テストが実施されている(窓口業務,職業訓練,職員研修,庁舎管理など)。

市場化テストについては,導入すること自体が目的なのではなく,実施によって,より効率的な公共サービスの担い手が決定され,国民によりよい公共サービスが提供されること,コスト削減だけでなく人材の有効活用や公務員の意識改革が図れることなどのメリット

に任せることで、スリムで効率的な市役所にする必要がある。

第1次募集では79件の提案があり、うち56件について審査を行った結果、34件が採用となった。そのうち、妊婦を対象とした健康指導を行う「しあわせママパパ学級」が助産婦団体に、市の歴史、文化に関する講義・史跡めぐりを行う「市民カレッジ・文化歴史コース」がNPO法人に、女性対象のワークショップ・健康体操を行う「市民カレッジ・女性魅学」と小中学生の保護者向けの広報「教育広報」が有限会社に、それぞれ委託され実施された。その結果、それぞれ、土曜コースが増加したことによる参加者の増加（特に夫の参加が1.5倍増）、独自のプログラムによる講座内容向上、ネットワークを活かした優秀な講師陣による質の高い講座運営、見やすく読みやすい紙面構成などのサービス向上が図られるとともに、4事業合計で約900万円のコスト削減につながった。

他方で、採用となったものの未実施の提案も多く、また第2次募集の提案数は6件と大幅に落ち込むなど、課題も多く抱えている。さらに、公権力行使をともなう行政事務（例えば都市計画・建築確認許認可など）における提案実施の困難さも指摘されている。

が指摘されるが、他方で、官製ワーキングプアを生み出す（担い手として非正規雇用のアルバイトや派遣社員が多くなる）、サービスの質が低下する可能性があるなどの慎重論もある。

人事給与制度改革

すでに、第4章で見たところであるが、人事給与制度改革もまた、自治体改革の大きな手法の1つである。特に、逼迫した地方財政下では、いかに人件費を削減するかが大きな経営課題となっている。人件費は、給与単価（P）×職員数（Q）でその総額が出てくる。そ

のため，職員定数の大幅削減に取り組む自治体が増えている。すでに見たアウトソーシングの手法により，行政職員でなければできないもの以外はできるだけ外に出す手法が用いられている。また，給与単価を下げるために，職員給与の削減に取り組む自治体も少なくない。もっともこれらについては職員団体（民間でいうと労働組合）の抵抗が強く，また，首長自身が職員団体の応援を受けて当選している人も多くいるため，なかなか順調に進んでいるわけではない。

3 ニュー・パブリック・マネジメントの潮流

ここまで見てきた自治体改革の流れを大きく特徴づけているのが，**ニュー・パブリック・マネジメント（NPM）**の進展である。

日本の中央政府の白書の中では，2000年7月の「年次経済報告」（経済白書）で初めてNPMという用語が本格的に使われた。そこでは，「先進諸国における行政改革の流れを受けて，行政分野への民間経営の発想の導入を行う新しい行政改革の動きが，一部地方公共団体で始まっており，ニュー・パブリック・マネジメント（NPM）に基づく行政評価が試行されている。ニュー・パブリック・マネジメントは，1980年代後半以降に英国等で形成された新しい行政運営理論で，民間企業の経営理念・方法，成功例等を行政運営に導入することにより，行政部門の効率化・活性化を図ることを目的としている」と書かれていた。

それ以降，マスメディアや政府の報告書などにNPMの用語がしばしば登場するようになってきた（例えば，2003年の「経済財政白書」では，先進県の取り組みの紹介などにページを割いている〈213-223頁〉）。自治体でも，行政改革大綱の中に，「NPM」という言葉を入れて，その実践方針を書き込んでいるところがかなりある。「NPMは弱

者切り捨てだ」という批判的な声もあるが，いまやNPMの理解なくしては，自治体の行政を考えることは難しくなっている。本節では，NPMについて少しくわしく見ておこう。

NPMとは何か

NPMの問題を考えるに際して，まず留意する必要があるのは，その概念の多義性である。NPMが何を意味するかについては，実は学界においても共通の認識が得られているわけではなく，これまでさまざまに特徴づけられてきた。管理哲学としての特徴を強調するもの，国際的なメガトレンドだとして特徴づけるもの，公共サービス組織の普遍的なスタイルであると特徴づけるものなど，論者によって重点の置かれるところはかなり異なっている。欧米におけるNPM研究も，特定のツール（例えば，パフォーマンス・マネジメント〈成果を測定し，その結果に応じた報奨やペナルティを改革の梃子とする行政運営手法〉，プロセス・マネジメント〈行政の施行プロセスに着目して，その大胆な改革を提言する行政運営手法〉，戦略的経営論など）に注目するもの，一般的な政策ツールがいかに政策形成に影響を及ぼしたかに注目するもの，特定の国においてNPM型の改革がいかに進められてきたかを記述するものなど，多岐にわたる。

NPMについていかに切り込んでいくかという点についても，論者の学問的・実践的出自（背景）によって多様である。

会計学者，経営学者や民間経営コンサルタントは，経営管理のテクニックを公務部門に適用することに主要な関心がある。

経済学の専門家は，国家と市場との役割分担の観点などに焦点を当てる。政府の失敗に言及し，その解決の方向性を示すものとしてのNPMの役割を重視するのである。競争可能な領域については，政府の独占供給から切り離し，この領域については，民営化して市

場による調整に委ねるか、または、「政府サービスは市場を通じては供給できないという前提」を覆して、擬似的に市場を創設することを提案する。また、管理部門をいくつかの単位に分散して、制度の効率性を高める議論もなされている。

行政学や行政法の専門家は、NPM の中でも、公務員や労使関係などの研究、予算や財務管理に特化した研究、アカウンタビリティ（説明責任）の観点からの議論が多い。

注意しなければならないことは、NPM という用語が、論者の都合のよいように定義される傾向があるということである。NPM を積極的に進めることを是とする主唱者、特に、民間経営コンサルタントは概して「民間の経営手法を公務に積極的に導入すること」が NPM であると定義し、それは公務能率の観点からは不可欠なものであると主張するのが一般的である。これに対して、特定の国における諸改革を NPM であると定義づけ、これは他国には移入不可能であると論ずる懐疑派もいる。このような傾向が NPM の議論をいっそう錯綜させ、わかりにくいものにしている。

ここでは比較的中立的な立場での NPM 分析として頻繁に引用される、イギリスの行政学者・フッドの研究に依拠して定義づけをしてみよう。

彼はまず、NPM は「多くの経済協力開発機構（OECD）諸国における 1970 年代末からの官僚制改革アジェンダを特徴づけてきた、広範囲に類似している行政原理の傾向を表す簡略な名称」であると緩やかに把握しつつ、その特徴について表 7-1 のようにまとめている。

この 7 つの教義のうち、①の専門家による行政組織の実践的な経営、②の業績の明示的な基準と指標、③の結果重視の経営、⑥の民間部門の経営実践スタイルの強調、⑦の倹約の一層の強調は、

表7-1 NPMの教義上の構成要素

	教義	意味	典型的な正統化根拠
①	専門家による行政組織の実践的な経営。	トップに置かれた可視的なマネージャー（匿名ではない）が委譲された権限により自由に管理する（free to manage）。	アカウンタビリティは権限の拡散ではなく，責務の明白な割り当てを要求する。
②	業績の明示的な基準と指標。	成功の物差しとして定義され測定可能なゴールやターゲット。	アカウンタビリティは明確に述べられた目的を要求する。効率性を追求するには，ゴールを鋭い目で観察することが必要である。
③	結果（output）統制をより一層重視。	業績と結び付いた資源の割り当てと報酬。	手続きよりも結果を強調する必要がある。
④	公共部門におけるユニット（組織単位）分解への転換。	公共部門を製品ごとに組織され・委譲された予算をもたせる。互いに対等な関係で処理される傘下のユニットに分散する。	ユニットを管理できるものにする。供給と生産の分離，公共部門の内外の契約・フランチャイズを用いて効率化をはかる。
⑤	公共部門における競争を強化する方向への転換。	期間契約・公共入札手続への動き。	より低廉な費用，よりよい水準の鍵としての競争関係。
⑥	民間部門の経営実践スタイルの強調。	軍隊スタイルの公共サービス倫理を離れ，より柔軟な給与，採用，規則，広報などへの転換。	すでに民間部門で証明済みの経営ツールを公共部門へ適用する必要がある。
⑦	公共部門資源の利用に際しての規律・倹約の一層の強調。	直接費用削減，労働規律の向上，組合の要求への抵抗，ビジネスへの応諾費用の制限。	公共部門の資源需要をチェックし，より少ない資源でより多く行う（do more with less）必要がある。

［出所］ Hood, 1996 などの諸論文をもとに筆者作成。稲継，2000。

主としてマネジェリアリズム（新経営主義）からきたもの，経営学の実践からきたものであるのに対して，④の組織単位の分解，⑤の公共部門における競争強化は，新制度派経済学の主張からきたものである。NPMの教義は，マネジェリアリズムと新制度派経済学という異なる2つの流れからきており，これらは時に潜在的な緊張関係をはらんでいる。

このような諸特徴をもつNPMを一言で定義づけることは困難であるが，あえて短く要約するなら，「ビジネス・メソッド（の特定の概念）に近い経営・報告・会計のアプローチをもたらす公共部門の再組織化の手法」ということになる。従来の行政から見ると，公共部門と民間部門の（人事，構造，経営手法の）差異を少なくし，資金やスタッフ，契約をつかさどる担当者の自由裁量の権限に関する規則などの縛りを少なくするという方向への転換と見ることができる。

歴史的な展開

第二次世界大戦以降の歴史を振り返ると，戦後ほぼ四半世紀は先進各国では概ね経済成長が続き，より高度化・複雑化する行政需要に政府が対応することが財政的に可能であった。経済協力開発機構（OECD）諸国でますます福祉国家化現象（政府が大きな役割を果たし積極的に経済介入する状態）が進展していき，行政サービスの範囲と規模の拡大は税収の自然増にも支えられて1960年代には一段と拡大した。1970年代になると，継続する財政拡大に対して識者たちは，民主主義の統治能力の限界を論じ始めた。ほぼ時を同じくして先進各国は2度の石油危機（1973, 79年）に見舞われて不況期に入り，いずれの国も財政危機に直面することになった。このころ，フリードマン，ハイエクといった自由主義を強調する経済学者の議論を基にした政策転換が，イギリスのサッチャー政権やアメリカのレ

ーガン政権で始められることになる。

イギリスの場合，1980年代にサッチャー政権下で国営企業などの民営化が次々と進められるとともに，公務部門の業務についての見直しも相当行われた。中央省庁では，1979年からのレイナー行政監察（民間人を登用して行政の無駄を徹底的にチェックし，能率改善を進めた），1982年からのFMI◆，1989年からのネクスト・ステップ・エージェンシー◆，1991年からの市場化テスト，1992年からのPFIなどの改革が矢継ぎ早に行われた。自治体でも1980年からCCT◆が導入されその対象業務を拡大してきたし，オーディット・コミッション（全国自治体監査委員会）が自治体業務の業績指標を示すなど，業績管理を徹底したイニシアティブも進められてきた。

ニュージーランドでは，1980年代半ば以来，規制緩和や税制改革などの大改革が進められたが，同時に，中央省庁の統廃合，事業・執行部門の分離（国営企業やクラウン・エンティティ〈国家部門の組織から，省庁，国有企業等を除いたものの総称〉へ。中央省庁は政策立案機能に特化），官僚の責任の明確化と権限の付与（公的部門法を制定

◆用語解説

　FMI　財務管理イニシアティブ。各省の管理者に明確に定義された目標を提供し，資源・行政運営の双方についての責任を明確に特定することを推進した。

　ネクスト・ステップ・エージェンシー　省庁の業務を政策形成と執行に分け，後者を独立した執行エージェンシーに移行するもの。10年間で130以上のエージェンシーが創設され，国家公務員の4分の3がエージェンシーの職員となった。のちに，日本の独立行政法人制度創設の際の参考とされた。

　CCT　強制競争入札。自治体の一部の業務について，自治体と民間が競争入札を行うというもの。のちに国レベルでの類似の試みとして市場化テストが導入され，日本の「市場化テスト」にも影響を与えた。

して事務次官を契約制とする。雇用契約の有期化と登用の公開競争化，パフォーマンス契約），公的部門への発生主義会計の導入（財政責任法）など，行政組織にも大胆なメスが入れられた。

イギリス，ニュージーランドの2国がNPM型改革の典型として紹介されることが多いが，ほかのOECD諸国においても類似の改革が進められてきた。例えば，オーストラリアでは財務管理責任の大幅な権限委譲をともなう財務管理改善プログラム（FMIP）があり，またイギリス同様，能率監察のセクションが設置された。公務員制度についても上級公務員制度の導入や人事権の大胆な分権化などの改革があった。カナダでも1980年代に省庁の裁量を高め行政慣行を見直すIMAA（説明責任拡大）イニシアティブや，公務員への権限委譲などを目的とした「公共サービス2000」などの公務部門改革が企図された。これらの改革は尻すぼみに終わってしまった感があるが，1990年代に入り，「プログラム・レビュー」（提示された歳出削減案に基づき各省庁がレビューを行い，特別委員会が精査する）などの本格的なNPM型改革が進行している。

アメリカでは，クリントンの選挙キャンペーンで用いられたのが「Reinventing Government」（政府の再構築）の標語であることからも類推されるように，公共部門のコンサルタントであるオズボーンによって書かれた『行政革命』をテキストとしつつ，ゴア副大統領を中心として進められたさまざまな行政改革は，明らかにマネジェリアリズムの影響を色濃く受けている。1993年の国家業績再検討（NPR）の報告は，財務管理や人事の分権化，擬似的競争市場の創設，サービスの質の重視などNPM型の諸改革を提言しているし，政府業績結果法（GPRA）でも結果重視のマネジメントシステムを構築しつつある。

これらの多くのOECD諸国における1970年代末からの官僚制改

革のアジェンダ（課題）は，比較的類似の性質をもっていた。各省庁・各部門への予算裁量の増大，各課への権限委譲と責任の明確化，公務員制度に関する分権化と柔軟な給与体系，トップとの契約雇用形態の導入，業績の評価の徹底，政策立案部門と政策実施・執行部門との分離，公会計への発生主義会計の導入などである。各国が同じような経済・財政問題に直面していたことや政府の非能率に対する国民の批判が高まっていることがその背景にある。他方，ある国での成功事例がほかの国の政策担当者に政策ネットワーク・国際的なシンクタンク・経営コンサルタント会社などを通じてすぐに伝えられたり，マスメディアが自国の改革と比較するかたちで他国の先進事例を頻繁に紹介したりしたことも相当寄与しており，英語圏における政策伝播が顕著である。

日本における導入と普及

　日本においては，先に述べたOECD諸国とは異なり，1980年代においては，中央政府レベルにおいても，地方政府レベルにおいても，NPM型の改革はあまり見られなかった。たしかに，拡大しすぎた行政サービスへの反省から地方自治体が担うべき守備範囲についての議論がなされたり，行政の効率性についての議論がなされたりした。また，1980年代はじめには第2次臨時行政調査会（第2次臨調）が設置され，3公社の民営化もなされた。これらの運動や改革は，表7-1のNPMの教義の一部を構成するかもしれないが，他国と違ってその後大きな流れとなることはなかった。自治体における行政改革も，人員削減と経費削減が議論の中心であって，組織の下位構造への権限委譲や業績基準の設定，結果の重視などのNPM型の教義が意識されることは少なかった。

　その理由としては，日本は少なくとも1980年代まではOECD諸

国の中でも最も経済パフォーマンスのよい国の1つだったこと，諸外国に比べ政府の規模が小さく，大規模な政府を抱える国に比べれば改革の動機は少なかったこと，などが指摘できる。第2次臨調で主張された増税なき財政再建は，バブル景気の下での税収増により達成されたかのような錯覚を，多くの国民がもった。

しかし，1990年代，特にその後半に入ってから状況は大きく変わってきた。1990年代に入ってからの日本の経済パフォーマンスの低下と官僚不信に端を発したかに見える行政の非効率性の指摘は，NPM型改革の起動因を提供した。このような状況下で進められ1997年に出された行政改革会議の最終報告でも，第4章「行政機能の減量（アウトソーシング），効率化等」において，NPM型の改革をめざす主張が述べられている。2001年以降の新しい省庁体制のもとでの種々の取り組みは，NPM型の行政を志向しているようにも読み取れる。

もっとも，日本におけるNPM型改革は，地方政府でもう少し早く始まっている。三重県の北川知事のもとで1995年以降継続して実施されてきたNPM型改革は，ほかの自治体へと普及していき，種々の点で中央政府をリードしていた。自治体の方が，NPM的な改革は導入が容易であったからである。すなわち大統領型の首長制度をとっているため，強い政治的な意思をもつトップが，それを支える政治的基盤，例えば，複数政党による相乗りなどを得たときに実行は容易になる。また，足による投票（得られる利益のより高い自治体に住民が移動する）のメカニズムがあるので，擬似的ではあるものの市場に近い構造の下にあり，近隣自治体と競争関係におかれていることも理由として挙げられる。

本章の第2節で見たように，1990年代後半以降の10年間で，政策や施策・事務事業の評価を始めたり（表7-1の②），地方独立行政

法人が制度化されたり（①②④），バランスシートで資産の洗い出しを行う試みがなされたり（⑥），指定管理者制度が創設されて公の施設の管理については一定の競争が促されたり（⑤）するなど，従来の自治体行政にはなかった種々の概念が入ってきている。従来の「自治行政」の概念では，対処できない事態も起こっている。

　他方で行き過ぎたNPMに関して，成果が必ずしも明確ではなく弱者切り捨てになっているといった懸念の声もある。また，時代はNPMから**PPP**（官と民とのパートナーシップ）への大きな潮流の中にあるという指摘もある。後者によると，NPMは，企業経営の手法をいかに行政に応用するかという，行政内部からの視点だったのに対し，PPPでは行政からの発想の枠を超えて，市民や民間事業者の視点から公共経営を見直すという「協治（ガバナンス）」という視点を重要視する。市民，民間事業者との「協働」という観点からの取り組みであり，「新しい公共」概念を構築する試みだといえる（第8章参照）。

◆引用・参考文献◆
　稲継裕昭『人事・給与と地方自治』東洋経済新報社，2000年
　オズボーン，デビッド＝テッド・ゲーブラー／野村隆監修・高地高司訳『行政革命』日本能率協会マネジメントセンター，1994年
　公会計改革研究会編『公会計改革——ディスクロージャーが「見える行政」をつくる』日本経済新聞出版社，2008年
　地方行政改革研究会編『1冊でわかる！ 地方公共団体のアウトソーシング手法——指定管理者・地方独立行政法人・市場化テスト』ぎょうせい，2007年
　中川幾郎・松本茂章編『指定管理者は今どうなっているのか』（文化とまちづくり叢書）水曜社，2007年
　古川俊一・北大路信郷『公共部門評価の理論と実際——政府から非営

利組織まで〔新版〕』日本加除出版, 2004年

Hood, Christopher, "Exploring Variations in Public Management reform of the 1980s," in H. Bekke, J. L. Perry, T. A. J. Toonen eds., *Civil Service Systems in Comparative Perspective*, Indiana University Press, 1996

市民参加

第**8**章

1 P県大規模公共事業に関する有識者会議と鷲本知事
── 市民に傍聴の機会を！

　P県内のある大規模公共事業について，事業推進賛成派，反対派が，P県の判断，そして鷲本知事の判断に強い関心をもっていた。このような状況下で，某日，P県庁特別会議室において，有識者会議が開かれた。鷲本知事就任以来の方針で，このタイプの会議はフルオープンなので，マスメディアが大勢おしかける。

　さて，この公共事業が行われる地域の住民グループが，会議の傍

聴のために中に入りたいといってきたところ，担当部局は入るスペースがないという理由で断った。特別会議室の4分の3近くが有識者の会議スペース，そして残りがメディアのスペースである。メディア・スペースには数多くの記者が入っていた。

鷲本が特別会議室に向かうと，その住民グループが10人ほど「中に入れてもらえませんか」と直談判で頼んできた。鷲本が特別会議室のメディア・スペースを覗くと，1,2人は入れそうだったので，「全員は無理ですけど，2人ほど入ってもらっていいですよ」と答えた。

そして，特別会議室に入り知事の席に座った鷲本は意外なことに気がつく。壁や窓際に担当者などが座る椅子がずらっと並べてあったが，ほとんどが空席。鷲本は思わず絶句した。「この椅子には誰も座らないのですか？」と鷲本が問うと，担当者は，「はい」と当然のように答えた。そこで，鷲本は，すかさず，メディア・スペースで窮屈そうにしている記者たちに，壁や窓際の椅子に座ってもらうように伝え，その分空いたメディア・スペースのところに，外で待っている住民に入ってもらうよう指示した。

そして会議は無事に開始された。議論は白熱したが，議事進行には何の問題もなく終了した。

鷲本はいう。「今回の会議の問題，職員一人一人に悪意はない。また，さまざまなことを議論したに違いない。ほかの住民との公平性，会議が妨害される恐れ，これまでメディアしか入れてこなかった慣行などを考慮して，組織的・行政的結論として，『住民は入れない』ということになった。しかし，それでよいのだろうか」

会議には副知事をはじめ，部長，室長，課長，そのほか20人近くの職員がいて，知事を除いても，P県庁のそれなりの決定権者は揃っていた。しかし，行政組織としては「住民を入れる」という判

断は行われなかった。多くの職員が携わったが，その日のその場の状況を見て，住民が会議に入れるようにしようという方向にはならなかった。住民をできるかぎり入れるという価値判断がないので，価値判断以外の，公平性，継続性，安定性などによって決定が行われる。

ところが，知事一人の責任で，住民を入れる決定ができる。知事は，住民はできるかぎり入れるべきという価値判断をもっているからである。

行政組織としては，公平性，継続性，安定性，会議の円滑性などさまざまなことを考えたのだろうが，現実として住民が県庁まで足を運んだこと，住民がこの問題に関して直接見聞きしたいという思いや利益を考慮する必要もある，と鷲本はいう。

解決方法は，膨大な時間や金がかかるものではなく，「空いている席に皆で詰めて座ってもらう」というだけのものであった。しかし，これすら政治決断がないと行政では慣行が変えられない。彼は続けていう。「これを解決できるのは，政治家の私しかいなかった。しかし，私一人で公共事業関連の行政を進めることはできない。行政の専門的知識など，大いにその助けが必要である。これが政治と行政の両輪ということだ」。民意によって選ばれた政治家が決定し，行政官がその決定を実行するということである。

鷲本の決断に対しては「英断」と評価する声があがった反面，「入れるなら俺たちも県庁に行った」と，逆の立場の住民からの批判もあった。知事は常時，難しい判断に迫られているのである。

* * *

この事例に典型的に表れているように，これまで，住民がなんらかのかたちで自治体行政に参加しようとすることに，自治体（行政

職員)は,いつもといってよいほど抵抗してきた。それは単に,住民を信用していないとかいう理由ではない。住民間の公平性や,従来の慣行との継続性などといった,行政特有の議論がある。本章では市民参加,住民参加について考えてみたい。

2　市民参加の歴史

直接民主主義の諸制度

地方自治の本旨は,**団体自治**と**住民自治**をともに重視することである。前者は,国と地方の関係を指し,地方自治は国からは独立した法主体によって営まれることを意味する。1990年代以降,日本は地方分権の流れを経験しているが,これは団体自治の文脈で理解することができる。後者は,当該地域における意思決定が住民自身によって行わなければならないことを意味する。民主主義(治者と被治者の自同性)の要請である。

住民自治の要請は,間接民主主義の理念に基づく制度,および直接民主主義の理念に基づく制度によって,その実現が図られているとされる。間接民主主義に基づいて,住民は,首長および地方議会議員を選出し,その首長や議会が住民の代表として自治体の意思を形成し,執行している。地方自治法では,この選挙制度に関する大枠を規律しつつも,直接請求制度など直接民主主義の理念に基づく制度を規定している。

間接民主主義を前提として,選挙で選ばれた首長や地方議会議員に自治体の運営を任せているものの,それが住民の思いと大きく外れた場合は,首長の解職請求や議会の解散請求ができるし,住民が個別の問題に意思を直接に反映させたい場合には,条例制定の直接請求ができる。また,違法不当な公金支出があるのではないかと住

表 8-1 主要な直接請求制度

種類	必要署名数	請求先	取り扱い
首長・議員の解職請求（リコール）	選挙権を有する者の1/3以上（※）	選挙管理委員会	住民投票で過半数の同意があれば失職
議会の解散請求	同1/3以上（※）	選挙管理委員会	住民投票で過半数の同意があれば解散
条例の制定・改廃の請求	同1/50以上	首長	首長は20日以内に議会にかけ、結果を公表
監査請求	同1/50以上	監査委員	監査の結果を公表し、議会や首長に報告

[注] ※ 選挙権を有する者の総数が40万を超える場合は、40万を超える数に6分の1を乗じて得た数と40万に3分の1を乗じて得た数とを合算して得た数。
[出所] 筆者作成。

民が考えるときは住民監査請求ができる、などといった直接民主主義の理念に基づく制度を置いている（表8-1）。

ただ、地方自治法（1947年制定）が規定したこれらのシステムだけでは、十分には住民自治が実現できないと考えられる場面が出てくるようになった。そこで、市民参加・住民参加の議論が進展することになる。少し、その歴史を振り返ってみよう。

市民参加の歴史

第二次世界大戦後における日本の最大の課題は、戦災からの復興と、疲弊した経済の成長にあった。先進国に追い付き追い越せというキャッチアップ・イデオロギーは、国民の間に共有されていった。1955（昭和30）年以降、日本は高度経済成長を遂げていくことになる。政府としても産業活動の拡大を重んじた政策を前面に出していき、急激な工業化、都市化が進んだ。多くの自治体も、工場誘致条例などを積極的に制定し、産業振興策を重んじた。

しかし、急速な経済成長とそれにともなう都市化の進展は、大気

汚染，水質汚濁，騒音・振動・悪臭，土壌汚染などの公害の発生をもたらすことになる。中央政府・与党（自民党）は，公害問題への迅速な対応よりも，むしろ産業政策の方に重点を置いていた。そこで，公害反対闘争としての**住民運動**が各地で広がっていくことになる。これは，**抵抗型**の市民参加，住民参加ということができるだろう。

　この運動の盛り上がりは，その後，全国に**革新自治体**を誕生させていくことになる。中央政府・与党（自民党）に対する対決姿勢を明確にし，社会党・共産党といった国政野党から支持・推薦を受けた首長が率いる自治体が全国に拡大していったのである。1967年に東京都に美濃部亮吉による革新都政が誕生したことが，1つの画期的な出来事であった。彼は，「対話と参加」の政治を標榜し，一貫して都民参加の都政をめざした。全国各地の住民は，地元自治体に対して，東京都の例を引き，生活基盤の拡充を要求する運動を展開していった。抵抗型から**要求型**へと，住民運動がややその趣を変えつつある時期であった。革新自治体の多くも，住民の要求に応えるかたちで，公害規制（国の法律の上乗せ〈法律の定める基準を上回る規制〉，横だし〈法律が対象とする地域以外についても規制〉），消費者保護行政，情報公開などの分野で，条例を制定したりそのほかの施策を展開したりしていった。これは，その後，全国に波及していくことになる。

　1973年の石油危機以降，日本経済は低成長期に入る。第2次臨調期には行政改革も本格化する。財政状況が悪化し，行政改革大綱を制定することが急務になっている自治体に対して，歳出をともなう生活基盤の拡充要求はなかなか実現困難なことになりつつあった。革新自治体も次第に勢いを失っていき，1979年の革新都政の終焉がそれを印象づけた。この時期，自治体に対して何かを要求すると

いうことよりも，自治体への参加を求める声が高まっていく。住民運動から**市民参加**への転換が進んだといえるだろう。

1980年代後半以降は，世界的な協働・パートナーシップへの流れがあった。日本においても，1995（平成7）年の阪神・淡路大震災の際に，数多くのボランティアが全国から集まった。住民運動の沈静化の中で失われていたと考えられていた連帯意識や非営利活動といったものが，実はある程度成熟期を迎えつつあったことを象徴する出来事であった。非営利組織（NPO）という言葉が，日本において頻繁に登場するようになったのもこのころである。

さらに，1998年には**特定非営利活動促進法（NPO法）**が成立した。この法律により法人格を取得できるようになり，それは，その後のNPO活動の大きな支えとなった。多様なNPOが市民参加の受け皿となったり，行政との協働パートナーとなったりする例が多く見られるようになっている。

3 市民参加のレベル

アーンスタインの市民参加の8つの階段

市民参加の議論をするときは，アメリカの社会学者であるアーンスタインが40年以上前に論文で発表した**市民参加の8つの階段**がしばしば引用される（図8-1）。

階段の第1段は，**世論操作**（Manipulation）である。行政は市民を単なる行政権行使の対象とみて，「由らしむべし，知らしむべからず」（ただ従わせるだけでよく，理由などを説明する必要はない）の態度をとる。行政主導の審議会をとりあえず設置し，自治会連合会の会長や婦人会連合会の会長といった市民にとりあえず委員として入ってもらって，発言は求めず，もっぱら行政の側の説明だけで会議が

図 8-1　市民参加の 8 つの階段（アーンスタイン）

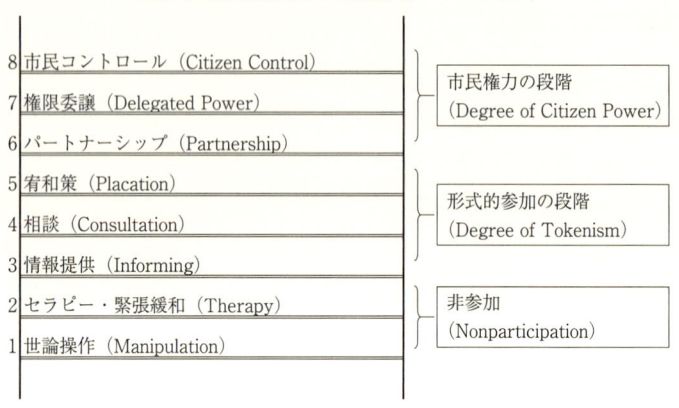

8 市民コントロール（Citizen Control）	市民権力の段階
7 権限委譲（Delegated Power）	（Degree of Citizen Power）
6 パートナーシップ（Partnership）	
5 宥和策（Placation）	形式的参加の段階
4 相談（Consultation）	（Degree of Tokenism）
3 情報提供（Informing）	
2 セラピー・緊張緩和（Therapy）	非参加
1 世論操作（Manipulation）	（Nonparticipation）

［出所］　Arnstein, 1967, p. 217.

終わる，ということが 1970 年代，1980 年代には一般的だった。行政の側による世論操作であり，アリバイづくりの側面もないわけではなかった。

　第 2 段として，**セラピー・緊張緩和**（Therapy）の段階がある。医療事故で子供を亡くした母親に事故調査委員会に来てもらって不満を吐き出してもらい，その後精神的なケアを行ったりする場合が典型例である。不満を癒し，ガス抜きをする段階である。ここまでの第 1 段，第 2 段はまだ「非参加の状態（Non participation）」であるとアーンスタインは定義づける。

　第 3 段は，**情報提供**（Informing）の段階である。いわゆる行政広報の初期の段階のものがこれに入るだろう。形式は市民参加の重要な第一歩であるが，情報の流れは行政から市民への一方通行であり，フィードバックや交渉の余地はない。市の主催する住民説明会の多くも，昔はこのタイプのものが多かった。

　第 4 段は，**相談**（Consultation）の段階である。いわゆる行政相談，

行政広聴がこれに入るだろう。表面的な意見聴取が行われたり、市民満足度調査を行ったり、最近ではパブリックコメント（意見公募）がなされたりしているが、いずれも、この第4段に入るものと考えられる。市民の関心やアイデアが考慮される保証がないので、まだ実質的意味での市民参加には入らない。行政・権力を有する者の側が市民のアイデアをこのレベルに抑えるなら、まだ参加は外観を装った儀礼的なものとなる。参加の度合いは、会合に何人参加したか、パンフレットが何部さばけたか、アンケートに何人答えてくれたか、などで測られることになる。

第5段は、**宥和策**（Placation）である。行政による議論の「場」を提供することが考えられる。市民がある程度の影響力を及ぼしうる段階に入っているともいえる。自治体に置かれる審議会に、以前は有識者や専門家、自治体OB、各種団体代表者のみがメンバーとなっていたが、最近では、公募で市民委員をメンバーにすることも少なくない。これは第5段の手法に入るだろう。ただ、いわゆる「行政寄り」のメンバーが多数を占める場合には、行政側の用意した結論をひっくり返すのは難しい。市民の意見を一通り聴いたうえで両論併記になったり、議論の最後の段階で一定の方向性に集約されてしまうような例もしばしば見られる。第3段から第5段は、まだ「形式的参加の段階（Degree of Tokenism）」とされる。

そして第6段が、**パートナーシップ**（Partnership）の段階となる。市民と行政によるさまざまな力が分有される、情報の共有化がなされる、あるいは政策決定に市民が参加する、といった段階にいたる。アーンスタインはこの段階以上の市民参加を、「市民権力の段階（Degree of Citizen Power）」と呼んでいる。

第7段は、**権限委譲**（Delegated power）の段階である。例えば、行政評価指標の設定において市民が評価指標や成果目標を設定した

りするような例が考えられる。市民自身に決定権限が委譲されている。日本の民主党政権下で2009年に行われた事業仕分けは、仕分け人の舌鋒鋭い攻撃が印象的で、「仕分ける」という言葉が一時流行したが、事業仕分けそのものは自治体において積み重ねられてきた実績が土台となっている。この手法には批判も強いが、形式的には第7段に位置づけられるだろう。事業を継続するかどうかについての決定権限を、首長から仕分け人たる市民に実質的には委譲されている場合が多いからである。

そして、第8段は、**市民コントロール**（Citizen Control）の段階となる。第7段で市民が評価指標を設定する例を挙げたが、この指標に基づいて市民自身の手により評価が実施される、といった場合がここに入るだろう。市民自身が決定し、評価を行う、言い換えれば市民による自主管理と呼べる段階である。

これらの市民参加、特に第5段以上の市民参加において常に議論の対象となるのが、参加者の範囲や選定方法である。広聴においては世論操作を受けた意見や、バイアス（偏見）のかかった意見が集約されてしまうことがある。公募委員に応募する市民は、時間に余裕のある市民や利害関係者であることも多い。いずれも偏りが出る可能性がある。日本で、2009年に開始された裁判員制度では、無作為の割り当てがあるが、同様に無作為抽出で市民委員を選ぼうとする試みがプラーヌンクスツェレである（*Column* ⑨参照）。

自治体の政策過程と市民参加

第5章第3節で見たように、自治体の政策過程は、①課題設定→②選択肢の提示（政策立案）→③政策決定→④政策執行→⑤政策評価
のプロセスをたどる。このプロセスと市民参加との関係はどのよう

に考えられるだろうか。

　これまで，市民参加という場合には，④の政策執行の段階における参加がイメージされることが多かった。しかし，理論的にはそれぞれのプロセスにおいて市民参加が考えうる。そして，それぞれについて，アーンスタインの市民参加の8つの階段のどのレベルの参加が実現できているのかを考えることは有益だろう。

　具体的な事例で考えてみよう。ここでは，京都の観光スポット「嵐山」の公衆トイレ改築プロジェクト（1996年）をとりあげよう。一般的に，公衆トイレを改築する場合，行政が改築案を地元に提示し意見を聴取する（アーンスタインの階段の第4段）が一般的である。だが，嵐山の公衆トイレ改築プロジェクトでは，ワークショップの手法が活用された。まちの魅力を再発見し，それをイメージ化し，さらに市民提案をとりまとめるといった一連のプロセスを，ゲームやイベントなどの楽しみを織り交ぜて，参加者全員が意見を出せるようなさまざまな工夫をした。

　プロジェクトの対象となったトイレは，築45年の古いもの（老朽化が著しく，男女共用，汲み取り式）で，地元住民や観光客にとって決して使いやすいものではなかったという。全国的に有名な観光地にはふさわしくないものが，そのまま残っていた。これを，下水道整備と合わせて改築することになり，京都市の清掃局と都市住宅局，都市整備局が，共管して進めることになっていた。

　その検討過程で，市民が参加したワークショップ形式のプロジェクトにしようという機運が盛り上がり，所属を横断した職員（若手中心），地元住民，ボランティアとして参加した大学教員や学生たちなど，100人以上の参加者が集まり，街頭インタビューや模型を使った計画づくりなど，5回にわたるワークショップが行われた。合意された計画には，これまでにないきめ細やかな工夫と斬新なア

Column ⑨　プラーヌンクスツェレ，市民討議会

　図8-1の第5段の議論の場の提供として，より参加の度合いを高めようとしているのが，ドイツで1970年代に考案された「プラーヌンクスツェレ（Planungszelle：計画細胞）」という市民参加の手法である。

　1990年の東西統一後のドイツでは，自治体でも住民投票制度が導入されるなど，直接民主主義に対する認識が高まってきた。その流れの中で，プラーヌンクスツェレが注目された。

　プラーヌンクスツェレは，行政機関が検討内容を示して，大学などの公平・中立的な実施機関に委託して行う。受託者である実施機関がプログラムを作成し実施する。地域住民から「無作為抽出」により参加者（報酬が支払われる）を募り，プログラムに沿って少人数で話し合いを行う。意見を集約して広報，行政機関への提言を行い，市民の声をまちづくりに反映させようとするものである。無作為抽出という点がプラーヌンクスツェレの斬新な点である。男女比率，年齢や職業などの構成が，その地域の構成と同様の傾向を示し，地域社会のミニチュア版での話し合いが可能となる。

　話し合いの数は4日間で16コマ（1コマ90分）とし，参加者はコマごとに設定される個々のテーマに沿って，専門家などからの情報提供を

イデアが盛り込まれ，これに基づいて改築されたトイレは，全国トイレ協会から全国グッドトイレ・ベスト10に選ばれるなど高い評価を受けた。

　これは，先に述べたアーンスタインの分類からいくと，第5段の「宥和策」か，さらに進んだ第6段の「パートナーシップ」に当たる事例であろう。政策過程のプロセスで見ると，①課題設定（公衆トイレの改築）は，すでに行政によってなされており，②政策立案（改築案の提示）に主として参加したということになるだろう。この案に沿って改築が行われたので，実質的には③の政策決定（このよ

受け,その後1グループ5人(通常5グループ25人で行う)で,参加者だけで話し合いを行う。コマごとにメンバーが入れ替え制となる。最後は全員で投票を行う。

　通常,市民参加の話し合いというと,利害関係者,ノイジー・マイノリティ(声の大きい少数の市民)が大きな声を上げることが多いが,プラーヌンクスツェレでは,サイレント・マジョリティ(大部分の静かな市民たち)の声を抽出できる。また,参加者は,その後地域社会に対する参画意識が非常に高まるという。

　日本では,2004年ごろから青年会議所などを中心として「市民討議会」といった名称で,同様の試みが草の根的に広まりつつある。適用範囲の可能性として,条例制定の前段階での市民ニーズの把握や政策立案段階での情報収集に活用したり,一般市民意見の傾向を確認したり,係争課題の意見調整や利害調整などに活用したりすることなどが考えられる。市民討議会の開催効果としては,①無作為抽出ゆえ公平性・中立性・正確性などが担保できること,②市民の意識変化(観客としての市民→顧客としての市民→自主性・責任感をもって参加する市民),公共心の向上,③自治体職員の意識変化などが挙げられている。

うに改築する)ということにもかかわっている。

　この公衆トイレ改築プロジェクトは,京都市という政令指定都市にとっては,きわめて小さな事業であるが,市民と行政のパートナーシップという観点から見たとき,重要な出発点となった。翌年(1997年),京都市では,市民参加検討プロジェクトの報告書が出され,それに基づいてさまざまな部署での市民参加の取り組みが本格的に始まっている。(林,2003)

　②政策立案や③政策決定の段階における参加としては,上に挙げた公共的施設の設計・管理・サービスの提供などにかかわる計画

の検討や決定のほかに,総合計画や地域のまちづくりなど,行政側の計画を住民の主体的な参加のもとに策定する場合などの例が考えられる。浦安市(千葉県)では,2006年から1年をかけて公募市民200人が参加した市民会議およびその分科会において,総合計画の基本計画を策定している。学識委員としては各分科会に対応した分野の専門家を17人配置し,職員委員26人がいるものの,大部分は公募に応じた市民委員である(村松・稲継・日本都市センター,2009)。また自治基本条例の策定時に,数十人の公募市民委員を中心として条例案を策定している自治体も多い(阪南市など)。

④政策執行の段階における参加は,これまでにも比較的多く行われてきた。担い手としての能力と意欲を有する主体の参画により,地域の実情に合った的確なサービスを実施することが可能になる。これまで自治体が実施してきたサービスの一部を,住民などの参加のもとに実施する。これにより,地域の実情とニーズに的確に対応し,住民の創意工夫と意欲を活かした効果的な施策展開が可能となる。例えば,アメリカで生まれた**アドプト・ア・ハイウェイ・プログラム**は,ハイウェイに散乱したごみの清掃にかかる膨大な費用に頭を悩ませていた州政府が,市民に協力を呼びかけたところ,市民グループや地元企業が道路を清掃するという新しいしくみが原点になっている。以来,ボランティア団体が道路の一区画で散乱ごみの清掃を行う活動は,アドプト・ア・ハイウェイ・プログラムと呼ばれるようになり,日本でも次第にこのしくみを取り入れる地域が増えている。善通寺市(香川県)や神山町(徳島県)を皮切りに,府県レベルでも静岡県や大阪府で行われている。「アドプト(adopt)」とは,「養子にする」という意味で,道路の一定区画と市民グループや企業などとがあたかも養子縁組をしたかのようにし,清掃や緑化活動などを継続的にしてもらうのである。市民グループや企業な

どは自分が養子として受け持った区域については、ほかの地域に負けないようにきれいにするインセンティブが生まれるというものである。

⑤政策評価の段階においては、行政職員よりもむしろ評価対象との関係が深い住民の方が適任である場合が考えられる。改善を求めるインセンティブを活用し、住民ニーズを評価に的確に反映させることが可能となる。

市民参加と「協働」

日本の自治体では、1990年代後半以降、住民との「協働」という言葉が頻繁に用いられるようになった。その意味するところは、使用する場面で異なり、また自治体によっても温度差がある。一般論として、**協働**（coproduction）とは、公共サービスの生産・供給者と消費者の双方がサービス形成過程・供給過程に加わることで、相互理解・情報共有を進め、結果として、サービスの生産性や質の向上、両者の資質・能力の向上、意識やシステム革新を図ろうとするものである。

よく引かれる例として、地域単位のまちづくりプランの作成、在宅福祉プランの作成やそのサービスの運営などは、協働が比較的容易な分野であるとされる。

ただ、すでにふれたように、この言葉が先に述べた8つの階段のうちのどこに位置するのかは、使用される場面によってさまざまである。パブリックコメントを求めただけで「住民協働」だと主張する自治体職員もいれば、意思形成過程にしっかりと住民を巻き込んで、場合によっては、決定自体を事実上委任している場合もある。最後の場合は、第7段に該当するといえる。

4 NPO, 新しい公共

　世界的に見ると，1980年代後半から，協働・パートナーシップへの大きな流れがあり，市民個々人だけではなく，NPO (Non-Profit Organization の略称。非営利組織) の存在が大きくなってきた。NPOとは，最広義では，利潤再分配を行わない組織・団体一般 (非営利団体) を意味する。対義語は営利団体 (利潤を構成員に分配する株式会社など) である。この意味では，社団法人や財団法人，医療法人，社会福祉法人，学校法人，宗教法人，協同組合，地域の自治会なども含まれる (図8-2)。逆に，最狭義では，NPO法に基づく認証を受けた法人のみを指すことになるが，日本では一般的に，認証を受けていない市民活動団体やボランティア団体なども含めた民間非営利組織を NPO と呼ぶことが多い。ここで，「民間」とは政府の支配に属さないことを，「非営利」とは利益があがっても構成員に分配せず，団体の活動目的を達成するための費用に充てることを，「組織」とは社会に対して責任ある体制で継続的に存在する人の集まりであることをいう。

　日本における NPO は，1995年の阪神・淡路大震災を契機として顕在化した。この震災の際には，100万人を超えるボランティアが国内外から集まり，この年はボランティア元年とも呼ばれた。さまざまな NPO によるボランティア活動が展開され，その模様は大きく報道された。しかしこのような活動を行っている団体が，現行法のもとでは法律の保護や税制上の優遇措置を受けられないということが，有識者やマスメディアから指摘された。これらをきっかけに政府・国会内外での議論が活発化し，結局，議員立法によって**特定非営利活動促進法 (NPO法)** が，1998年に成立した。法律の成立に

図8-2 NPOに含まれる団体の種類

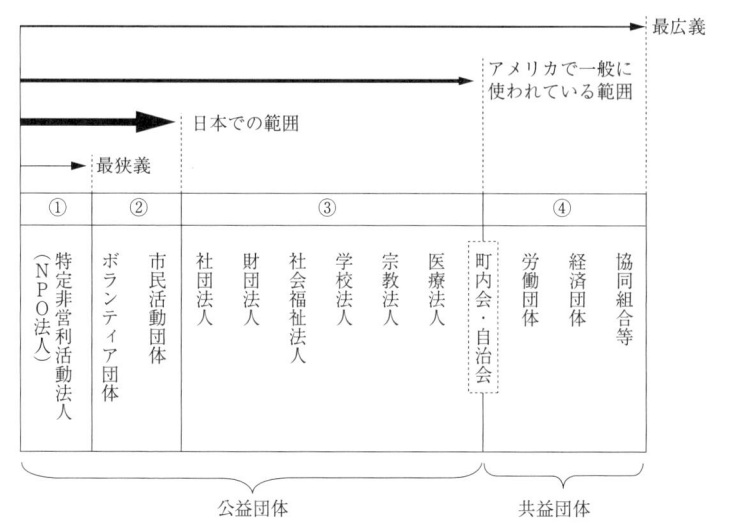

①	②	③						④		
特定非営利活動法人（NPO法人）	ボランティア団体	市民活動団体	社団法人	財団法人	社会福祉法人	学校法人	宗教法人	医療法人	町内会・自治会	労働団体	経済団体	協同組合等

- 最狭義：①
- 日本での範囲：①〜③
- アメリカで一般に使われている範囲：①〜町内会・自治会
- 最広義：①〜④
- 公益団体：①〜町内会・自治会
- 共益団体：④

［出所］ 経済企画庁『平成12年度 国民生活白書——ボランティアが深める好縁（要旨）』2000年，38頁（筆者一部加筆）。

より，福祉，防災，まちづくりなど，さまざまな分野で活動するNPOに法人格を付与する道が開かれた。NPOが都道府県や国に申請して，法に定める要件に適合していると認められれば，NPOと認証されることになった。この法律の成立により，すべてのNPOが法人格取得に動いたわけではないものの，NPOが活動するうえで，法人格取得のしくみが生まれたことは大きな意義があった。

住民ニーズの多様化，各種サービスに要求される専門性の高度化などから，自治体をはじめとする行政では対応が難しいことが多くなってきている。そういった分野においては，NPOなどとの協働が求められていることも少なくない。

公共的な活動には，大別して2つのものがある。①国や自治体が集めた税金をもとにして有償で雇用した公務員を使って行う活動。

②公務員ではない個々の市民が、地域のつながりや特定の目的のネットワークなどを母体として、ボランティアや寄付金などを原資として行う活動。例えば、慈善事業、NPO、消防団、自治会などである。また、企業が企業の社会的責任（CSR）やメセナ（企業による文化・芸術活動への支援）として不特定多数の他人に貢献すべく行う活動もある。①だけが「公共」だと理解されることが多いが、厳密にいうと①は「官（公）」であり、②は「民」である。

公私二元論の立場からは、公共＝官（公）というイメージで理解されることもあるが、先に見たように正確ではない。そこで、公私二元論から脱却し、「公」「私」「公共」の**三元論**で理解するべきであるという主張が見られるようになってきた。公共の担い手はこれまでは国家や自治体であったが、今後は下からの公共性を強調する考え方、つまり市民が主導権をもって「公を開いて」いくという市民社会運動として公共圏をとらえる考え方もある。

このように公共の分野を、公だけが担うのではなく、市民も担う、NPOも担う、そして企業も担うという「新しい公共」の考え方が次第に広まりつつある。日本でも2009年に誕生した民主党政権において「新しい公共円卓会議」が設置され、その議論をもとに2010年6月**「新しい公共」宣言**が出された（図8-3）。ここでは、次のように書かれている。

> 「新しい公共」とは、「支え合いと活気のある社会」を作るための当事者たちの「協働の場」である。そこでは、「国民、市民団体や地域組織」、「企業やその他の事業体」、「政府」等が、一定のルールとそれぞれの役割をもって当事者として参加し、協働する。（中略）「新しい公共」を実現するためには、公共への「政府」の関わり方、「政府」と「国民」の関係のあり方を大胆に見直すことが必要である。（中略）政府は、（中略）思い切った制度改革や運用方法の見直しなどを通じて、これまで政

図 8-3 「新しい公共」のイメージ図

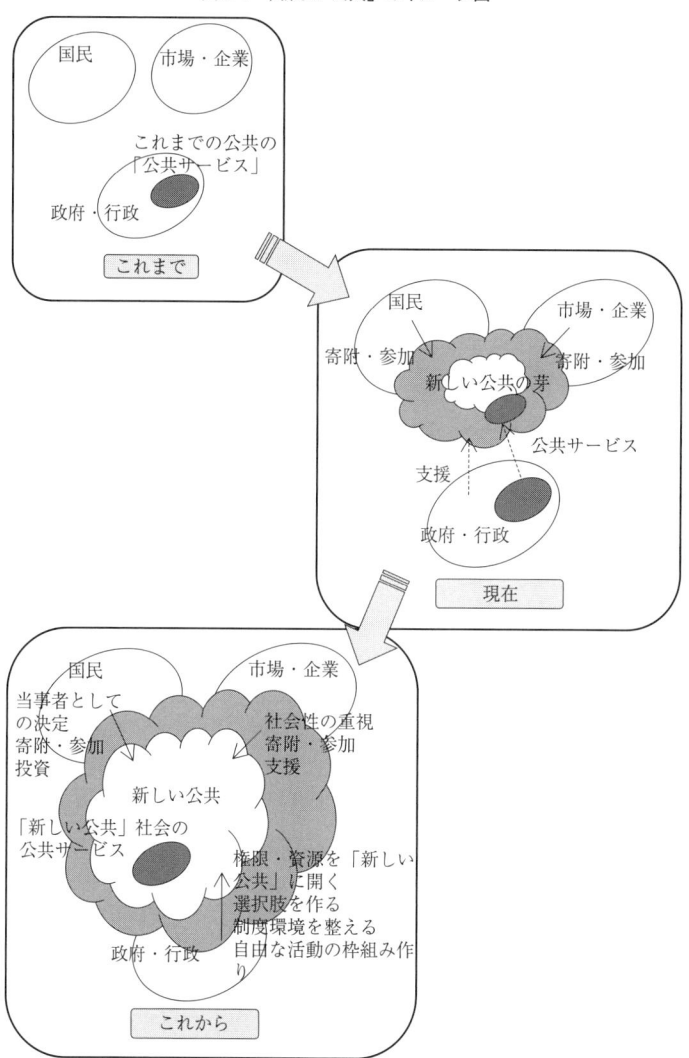

これまで
- 国民
- 市場・企業
- 政府・行政
  - これまでの公共の「公共サービス」

現在
- 国民：寄附・参加
- 市場・企業：寄附・参加
- 新しい公共の芽
- 公共サービス
- 支援
- 政府・行政

これから
- 国民
  - 当事者としての決定
  - 寄附・参加
  - 投資
- 市場・企業
  - 社会性の重視
  - 寄附・参加
  - 支援
- 新しい公共
- 「新しい公共」社会の公共サービス
- 政府・行政
  - 権限・資源を「新しい公共」に開く
  - 選択肢を作る
  - 制度環境を整える
  - 自由な活動の枠組み作り

［出所］「第7回 新しい公共円卓会議提出資料」2010年5月22日をもとに作成。

府が独占してきた領域を「新しい公共」に開き，(中略)「国民が決める社会」の構築に向けて具体的な方策をとることを望む。

　公共の分野に市民や行政がどのようにかかわるのかという議論は，今後もさらに続くことになるだろう。

　先に述べたこととは逆の現象であるが，最近では公私二元論でいう「私」の領域に官（公）が介入する例が多く見られる。新幹線の売り込みのために首相や担当大臣が他国を訪問して宣伝する光景が当たり前になってきた。自治体レベルでも，地元産品を自ら法被を着て東京などでトップセールスを行う首長も多い。また，域内の婚活支援（お見合いパーティーの開催や斡旋など）をする自治体も増えてきている。これらのことは明らかに「私」の領域への「公」の介入であり，従来の公私二元論では解釈しにくい。そこで**公私融合論**という考え方が提起されている（稲継・山田，2011）。

◆引用・参考文献◆

　稲継裕昭・山田賢一『行政ビジネス』東洋経済新報社，2011年（近刊）

　桂木隆夫『公共哲学とはなんだろう――民主主義と市場の新しい見方』勁草書房，2005年

　サラモン，L. M.／江上哲監訳，大野哲明・森康博・上田健作・吉村純一訳『NPOと公共サービス――政府と民間のパートナーシップ』ミネルヴァ書房，2007年

　篠藤明徳『まちづくりと新しい市民参加――ドイツのプラーヌンクスツェレの手法』（自治体議会政策学会叢書）イマジン出版，2006年

　林建志「市民参加先進都市を目指す京都市の試み」村松岐夫・稲継裕昭編『包括的地方自治ガバナンス改革』東洋経済新報社，2003年

　村松岐夫・稲継裕昭・日本都市センター編『分権改革は都市行政機構を変えたか』第一法規，2009年

寄本勝美・小原隆治編『新しい公共と自治の現場』コモンズ，2011年

Arnstein, Sherry R., "A Ladder of Citizen Participation," *Journal of the American Institutes of Planners*, Vol. 35, No. 4, July 1969, pp. 216-224.

●読書案内●

　本書は地方自治の入門書であり，まず，基礎的なことを知りたい人のために書いた。より深く勉強したい人のために，いくつかの本を紹介しておこう。

◆**地方自治全般について書かれたテキスト**◆

村松岐夫編『テキストブック地方自治（第2版）』東洋経済新報社，2010年
　10名による分担執筆。各章の記述は深いところまで書かれている。

礒崎初仁・金井利之・伊藤正次『ホーンブック地方自治〔改訂版〕』北樹出版，2011年
　地方自治全般の論点についてほぼ満遍なくふれられている。

◆**個別の論点について，さらに詳しく知りたい人のために**◆

林健久編『地方財政読本（第5版）』（読本シリーズ）東洋経済新報社，2003年
　地方財政を制度・理念面，および中央政府との関係から解説して定評の高い読本。

中井英雄・齊藤愼・堀場勇夫・戸谷裕之『新しい地方財政論』有斐閣アルマ，2010年
　理論的・実証的分析の蓄積を積極的に取り入れつつ，制度，自治体経営，理論，地方財政システムを網羅的・体系的に解説。

村松岐夫・伊藤光利『地方議員の研究』日本経済新聞社，1986年
　日本の地方議会研究の嚆矢となるもの。従来の通説である地方議会無力論に対して実証的に反論。

曽我謙悟・待鳥聡史『日本の地方政治――二元代表制政府の政策選択』名古屋大学出版会，2007年
　地方自治研究において地方「政治」に着目することの重要性を指摘し

た専門書。

日経グローカル編『地方議会改革の実像——あなたのまちをランキング』日本経済新聞社，2011年

　日経新聞，日経グローカルの取材網を駆使して，全国の地方議会改革の実態を調査。

村松岐夫『地方自治』（現代政治学叢書15）東京大学出版会，1988年

　第3章コラムでも取り上げた村松地方自治論。

西尾勝『地方分権改革』（行政学叢書5）東京大学出版会，2007年

　地方分権推進委員会委員として分権改革に携わった著者による書。

山下茂『体系比較地方自治』（明治大学社会科学研究所叢書）ぎょうせい，2010年

　元自治官僚で英国やフランスの地方自治にも通暁する著者による書。横断的比較にも多くの頁が割かれている。

稲継裕昭『人事・給与と地方自治』東洋経済新報社，2000年

　中央地方関係について人事と給与という観点から分析したもの。出向官僚，地方公務員給与について中央地方関係を分析。英国のNPMについての記述にも頁を割く。

稲継裕昭『プロ公務員を育てる人事戦略——職員採用・人事異動・職員研修・人事評価』ぎょうせい，2008年

稲継裕昭『プロ公務員を育てる人事戦略part2——昇進制度・OJT・給与・非常勤職員』ぎょうせい，2011年

　上記2著は，共に自治体人事行政の諸問題についてわかりやすく解説。各テーマ冒頭に，職員のぼやきが入る。

秋吉貴雄・伊藤修一郎・北山俊哉『公共政策学の基礎』有斐閣ブックス，2010年

　公共政策学についての手ごろな入門書。

村松岐夫・稲継裕昭編『包括的地方自治ガバナンス改革』（経済政策分析シリーズ5）東洋経済新報社，2003年

　1990年代の一連の改革は，多拠点で同時に始まったという主張。各章は自治体職員が現場実態も含めて分析。

村松岐夫・稲継裕昭・日本都市センター編『分権改革は都市行政機構を変えたか』第一法規, 2009年

日本都市センターが10年おきに行う「市役所事務機構調査」(全国の全市区長, 全市区担当者に対する膨大な大規模アンケート調査) の分析をもとに, さまざまな角度から都市行政機構についての考察を行う。

鈴木俊一『回想・地方自治五十年』ぎょうせい, 1997年

地方自治法の起案者であり, その後東京都知事になった著者による証言録。

オズボーン, デービッド＝テッド・ゲーブラー／野村隆監修・高地高司訳『行政革命』日本能率協会マネジメントセンター, 1994年

B.クリントン米大統領候補の選挙キャンペーンで多用されて以来の, 行政改革の重要な文献。日本でもこの本をバイブルとして改革を進めた首長も少なくない。

古川俊一・北大路信郷『公共部門評価の理論と実際——政府から非営利組織まで〔新版〕』日本加除出版, 2004年

日本における行政評価のスタンダードテキスト。

片山善博『市民社会と地方自治』(叢書21COE-CCC多文化世界における市民意識の動態22) 慶應義塾大学出版会, 2007年

鳥取県知事であった著者の問題意識が滲み出る書。本書執筆後, 総務大臣となる。

サラモン, L.M.／江上哲監訳, 大野哲明・森康博・上田健作・吉村純一訳『NPOと公共サービス——政府と民間のパートナーシップ』ミネルヴァ書房, 2007年

膨大な統計資料を駆使し, 政府と非営利セクターのパートナーシップがアメリカ社会に深く根ざしている点を綿密に検証。

◆資料集◆

岡田彰・池田泰久編『資料から読む地方自治』法政大学出版局, 2009年

手ごろなサイズの地方自治資料集。

小早川光郎編集代表／天川晃・磯部力・森田朗・斎藤誠編『資料 日本の地

方自治』(全3巻) 学陽書房, 1999年
　明治以来の近・現代の地方自治の歩みを, 厳選された史料によって跡づけている。図書館で調査する際に参照する事典的な役割。

◆索　引◆

あ行

阿久根市　52
足による投票　178
新しい公共　198
アドプト・ア・ハイウェイ・プログラム　194
我孫子市　168
天川晃　61
天川モデル　61
嵐山の公衆トイレ　192
アーンスタイン(Sherry R. Arnstein)　187
一時借入金　24
一括質問・一括答弁方式　43
一般財源　11
一般質問の文書通告制　43
移転財源　9
異動のサイクル　93
ウルトラ・バイレースの法理　64
英米型(の地方自治制度)　64
縁故採用　91
オン・ザ・ジョブ・トレーニング　→ OJT

か行

概括例示主義　66
外形標準課税　12
革新自治体　186
課題設定　123
監査委員　38
官と民とのパートナーシップ　→ PPP
管理委託制度　163
議員定数　47
議員報酬　45
議会の会期　44
機関委任事務　60,113
議決機関　35
基準財政収入額　10
基準財政需要額　10
義務的経費　20
給与カーブのフラット化　105
給与構造改革　107
給与水準の面　100
給与制度の面　100
給料月額　99
教育委員会　34
教育分野　5
行政委員会　38
行政営業　136
『行政革命』　176
行政コスト計算書　167
行政事務の分担　4
行政評価　160
協治(ガバナンス)　179
協働　195
業務棚卸し(静岡県)　160
恐竜博物館　136
キングダン(John W. Kingdon)　124
均衡の原則　98
国の直轄事業　54
栗山町議会基本条例　48
グループ制　152
　　──の導入(広島県)　152
経常収支比率　24
権限踰越の法理　64
減債基金　13
原始スープ　125
建制順　151
建設地方債　13

207

公安委員会　38
公営企業　142
公会計政策　165
公共資本の分野　4
公私二元論　198
攻守交代システム　21
公平委員会　38
公募方式　164
国庫支出金　11

さ 行

再議　51
歳出　17
財政構造の硬直化　25
財政再生団体　29
財政力指数　23
財務諸表4表　167
三位一体の改革　12
3割自治　74
資金収支計算書　167
施策　122
市場化テスト　167
自治事務　58,114
自治体間連携　78
自治体財政健全化法　27
質疑　43
執行機関　35
　　――の多元主義　36
実質公債費比率　25
指定管理者制度　163
市民参加の8階段　187
市民討議会　192
事務事業　122
事務事業評価(三重県)　160
集権　61
住民自治　184
首長の拒否権　51
出向官僚　97
純資産変動計算書　167
昇任　93

　　――試験制度　102
条例案などの議案提出権　36
条例主義の原則　99
条例の制定　41
職位の階層　94
職員構成の変容　95
職員採用試験　90
職務給の原則　98
職務分担の曖昧さ　102
人事委員会　38
人事交流　96
垂直的行政統制　68
水平的政治競争モデル　68
制限列挙方式　64
政策　121
　　――企業家　126
　　――の執行　124
　　――の窓　126
　　――評価　124
　　――誘導効果　17
性質別歳出　19
政治のサイクル　115
選挙管理委員会　38
専決処分　52
全国総合開発計画(全総)　71
全国的な行政水準の統一性・公平性確保　70
漸増主義　22
選択肢の提示　123
早期健全化団体　29
相互依存関係　69
組織のフラット化　152

た 行

貸借対照表　167
第2次臨時行政調査会(第2次臨調)　71
大陸型(の地方自治制度)　66
縦の階層分化　143
単一主権国家　75

単式簿記　165
団体自治　184
地域総合整備事業債　72
地方官官制　134
地方議会改革　48
地方議会の権能・機能　40
地方交付税　10
地方公務員の数　86
地方公務員の種類　85
地方債　13
地方財政計画　17
地方税　12
地方独立行政法人　164
地方分権一括法　59, 73
地方分権推進委員会　73
地方分権の受け皿論　79
徴税率の向上　16
直接請求制度　184
直轄事業負担金　55
積み上げ型褒賞システム　101
提案型公共サービス民営化制度(我孫子市)　168
投資的経費　20
時のアセスメント(北海道)　160
特殊勤務手当　100
特定財源　11
特別職同意人事　119
特命指定　164

な 行

二元代表制　32
ニュー・パブリック・マネジメント　→ NPM
ネクスト・ステップ・エージェンシー　175

は 行

箱もの施設　2
パフォーマンス・マネジメント　171
阪神・淡路大震災　187
非営利組織　→ NPO
東日本大震災　76
非常事態宣言　1
百条委員会　42
標準会議規則　43
標準局部例　135
標準職務表　148
費用弁償　45
非ルーティン業務　112
広島県　152
福祉国家化現象　174
福祉の分野　5
不信任決議　51
普通交付税　10
フッド(Christopher Hood)　172
ブラザー・シスター制度　92
プラーヌンクスツェレ　192
プロセス・マネジメント　171
分権　61
分離　61
ベイルアウト　13
保育ママ　126
包括予算制度　23
法定外普通税　15
法定外目的税　15
法定受託事務　58, 114
　第1号——　58
　第2号——　58
細川護熙　73
ホームルーム憲章　135
ボランティア　196

ま 行

未完の分権改革　73
美濃部亮吉　186
民間企業への派遣研修　96
村松岐夫　68
村松モデル　68
メンター制度　92
目的別歳出　18

索引　209

や 行

融合 61
夕張市の財政破綻 24
予算査定 22
予算提案権 120
予算編成 17,20
——過程 20
予算要求枠 21

ら 行

ラスパイレス指数 100
稟議制 149
臨時行政調査会 71
ルーティン業務 112
レイナー行政監察 175
連邦制国家 75
ローカル・マニフェスト 118

わ 行

枠配分 23

アルファベット

CCT 175
FMI 175
NPM(ニュー・パブリック・マネジメント) 170
　——型改革(イギリス) 175
　——型改革(ニュージーランド) 175
NPO(非営利組織) 196
OJT(オン・ザ・ジョブ・トレーニング) 92
PDCA 122
PDS 122
PFI 162
PPP(官と民とのパートナーシップ) 179

●著者紹介

稲継 裕昭（いなつぐ　ひろあき）
1958年　大阪府高槻市に生まれる。
1983年　京都大学法学部卒業。
　　　　大阪市役所，姫路獨協大学法学部助教授，大阪市立大学大学院法学研究科教授を経て，
現　在，早稲田大学政治経済学術院教授，放送大学客員教授（行政学，人事行政学，地方自治論）。博士（法学）。
著作に，『日本の官僚人事システム』（東洋経済新報社，1996年），『人事・給与と地方自治』（東洋経済新報社，2000年），『公務員給与序説——給与体系の歴史的変遷』（有斐閣，2005年），『自治体の人事システム改革——ひとは「自学」で育つ』（ぎょうせい，2006年），『プロ公務員を育てる人事戦略part 2——昇進制度・OJT・給与・非常勤職員』（ぎょうせい，2011年），『自治体ガバナンス』（放送大学教育振興会，2013年）など。

compact

有斐閣コンパクト

ちほうじちにゅうもん
地方自治入門
Introducing Local Government in Japan

2011年8月25日　初版第1刷発行
2014年2月25日　初版第2刷発行

著　者　　稲　継　裕　昭
発行者　　江　草　貞　治
発行所　　株式会社　有　斐　閣

郵便番号 101-0051
東京都千代田区神田神保町 2-17
電話　(03)3264-1315〔編集〕
　　　(03)3265-6811〔営業〕
http://www.yuhikaku.co.jp/

印刷・精文堂印刷株式会社／製本・大口製本印刷株式会社
©2011, Hiroaki Inatsugu. Printed in Japan
落丁・乱丁はお取替えいたします。

★定価はカバーに表示してあります。

ISBN 978-4-641-17381-1

JCOPY　本書の無断複写（コピー）は，著作権法上での例外を除き，禁じられています。複写される場合は，そのつど事前に，(社)出版者著作権管理機構（電話03-3513-6969, FAX03-3513-6979, e-mail:info@jcopy.or.jp）の許諾を得てください。